Kadeedkii Xamar

Kadeedkii Xamar iyo Kalaguur

Kadeedkii Xamar iyo Kalaguur

Kadeedkii Xamar iyo Kalaguur Maxaa Laga Dhaxlay?
Cali M. Cabdigiir (Caliganay)
Soosaarka 1aad _ Second Edition
Buugta Cali Cabdigiir _Ali Abdigir Somalia books

Aqalka Dhaxdinta (hoteel) Curubo 1980

Aqalka Dhaxinta (Hoteel) Curubo 2000

Dhibaatada dhismaha hoose ka muuqata ka daran baa
bulshada gaartay.

Buugta kale ee qoraagu ka qoray dagaalka sokeeye:
*Abaal, Furfur iyo Filanwaa, Saanqaad, Shaxda
Nolosha, Asaruur, Lur jacayl iyo Liidaanyo.*

Xuquuq-qormo@Cali M. Cabdigiir

Soosaarka 1aad, 2018, USA

Kadeedkii Xamar iyo Kalaguur: Kadeedkii Xamar iyo Kalaguur Maxaa Laga Dhaxlay?

(caliganay54@hotmail.com/abdigir54@gmail.com).

Magac: Kadeedkii Xamar iyo Kalaguur

Xuquuq-qormo@Cali M. Cabdigiir

Soosaarka 1aad, 2018, CreateSpace ee Amazon, USA

Kadeedkii Xamar iyo Kalaguur: Kadeedkii Xamar iyo Kalaguur Maxaa Laga Dhaxlay?

ISBN: 13: 978- 1729673454

ISBN: 10: 1729673457

Gogoldhig

Hagaha qoraagu waa akhristaha.

Soomaalida baa tiraahda: Bulsho aan qoraa lahayn waa geel aan gaawe (gorof, toobke) lahayn.

Qoraa kasta, aalaaba, koox gaar ah buu qoraalkiisa kula hadlaa. Haddana, inta badan, qoraagu uma sheego akhristaha wax uusan waxba kala socon. Balse, waxa uu isugu duwaa arrimo ka kala filiqsanaa—amaba sabab kasta ha ahaatee uu ka gaabsanayey in uu qoraalkooda ku dhiirrado. Waxaa kale oo uu akhristaha marar badan ka shaafiyaa tuhun ku jirey.

Qodob kale oo door ah isna waa kan. Dhacdooyinka bulshada badankeed ka cabsato in ay si furan uga hadasho baa qoraagu ku dhiirradaa in uu bannaanka soo dhigo.

Xiriirkaas ka dhexeeya qoraaga iyo akhristaha baa inta badan sabab u ah in xanta iyo xogta bulshada qoraal loo rogo. Si kasta oo kooxi u dhibsato sheekooyinka qoraagu diirka ka qaado— haddii aan qoraagu been qorin, ugu dambaynta, akhristuhu, isaga baa gartiisa naqsada. In badan baa haawata waxun xasillooni ahna ka hesha. Qaarna kolkaas bay iyana dhige iyo dhigane isla doontaan.

Haddaba, ka qalinka iyo buugga isla doonta, dhowr qodob oo door ah baa u furan. Kow, in uu qoraaga saxo haddii uu ilduufay amaba been qayaxan sheegay. Iyo in uu isna iddiis uga hadlo arrimaha qoraagu ku tiiqtiiqsaday, si akhristuhu u helo dhigane kale oo waxa kaas ka hadlayo isna ka hadlaya.

Marka, haddiiba aad dhige iyo dhigane isla doonato, runta in aad qorto haddii aad uga gaabsato koox hebla baa ku dhibsanaysa, marka, waxaa habboon in aad akhriste shibban iska ahaato.

Marka laga soo tago qofka ku diirsada qoritaanka, akhriska iyo baaritaanka, danta weyn ee qoraagu waa baahin xog filiqsan, sheegid dhacdo in badan ka gaabsatay in ay sheegto, abuurid han iyo himilo iyo.... Dhaqankaas haddii uusan lahayn qofka qalinka iyo buugga isla doonta, garan mayo si qoraa lagu sheegi karo—amaba qoraa ka hadla dhacdooyinka nolosha bulshada uu jecel yahay in uu jidka wanaagsan u tilmaamo.

Bal markanna aan taabanno qodob la dhayalsado. Waxaa jira dad wanaagsan oo lahaa saaxiibbo, deris, shaqo-wadaagyo, arday ay isla dhigan jireen iyo xigaalo intaba. Dadkaas wanaagsan ee Xamar aan iyagu qaxa ka ahayn waxaa qaarkood loo diley badbaadinta intaas aan soo sheegnay qaarkood. Qaarkood waa nool yihiin waxayna weli la murugeysan yihiin dadkii ay badbaadin kari waayeen—halka haddana laga yaabo in cid weli eed ka tirsanayso.

Kii la diley isaga oo qof badbaadinayey waxaa murugadii ku hartay kii la badbaadshay. Dadka Xamar ka qaxay laga soo bilaabo 1990, qaarkoodna xigaaladoodii looga diley, waxa ay inta badan xusuustaan waxii iyaga gaaray. Taasi gar ma aha.

Waxaa ay tahay haddaba in aafada aan hal dhan laga eegin ee hadba dhan laga istaago.

Haddana, mid waa hubaal. Cid wax geysatay iyo mid loo geystayba, hadba aragtida iyo sooyaalka qoran baa soconaya.

"*Qoriga iyo qalinka waxaa dambeynaya qalinka.*"

_Baresare (professor) Saciid Sh. Samatar.

Ka rog oo haddana saar. *Kadeedkii Xamar iyo Kalaguur* oo jileyaashu aad ugu yar yihiin, waxa aad arki doontaa surrucaadka Qaranbila, jilaha koowaad oo sheekadu ku socoto ku haraya, kolka la dilo Samaato oo iyada badbaadinaysay.

Haddana, waa hoogga dagaalka sokeeye e', dilka Samaato waxaa loo aanaynayaa koox walaalkeed oo qabqable u xuub siibanayey watay.

Waxaa kale oo aad arki doontaan sida nabsigu u wareego, oo maanta magaalooyin ay deggenaan jireen 5000-10,000 qof ay maanta deggen tahay 200,000-600,000 qof. Magaalooyinka kobcay waxa aad uga bogan doontaa kolka aad aragto *"Boosaaso waa tuma?"*

Weerta nabsiga darteed, inta aadan ku mashquulin hammi qabiil ama gobolka qoraagu ka soo jeedo, waa adiga iyo *Kadeedkii Xamar iyo Kalaguur.*

Cali M. Cabdigiir (Caliganay)
Nofeembar 2018, Canada

Qaybta 1aad

_1_

Soomaalidu ma laha dhaqan xusuusqor mana jiraan—amaba waa dhif-iyo-naadir maqal-muqaal laga duubay kufsigii, dhacii iyo dilkii la geysatay muddada dagaalka sokeeye—meel ahaan, Xamar haba ugu darraatee.

Fadhiidnimadaas awgeed, xataa dhowr gaboodfale oo tusaale lagu qaato—oo qaarkood nool yihiin maammul kastana laga helayo, garsoorka in lala tiigsado, dhif moojiye bulshadu diyaar uma aha.

Waxa keli ah oo soo haray waa dhige iyo dhigane koox aad u yar go'aansatay in ay adeegsato. Bal iyana aan aragno aragtida bulshadu ka qabto.

Sabteembar 2018 waxa aan Xamar ka wacay nin aan reer New York isla ahaan jirney siddeetameeyihii—oo inta Xamar ku laabtay hadda Jaamacadda Ummadda ka shaqeeya. Saddex su'aalood baan weyddiiyey.

1. Mushaar joogto ah ma heshaa?
2. Suuqa nabad ma ku mari kartaa?
3. Dhacdooyinka si dhab ah ma u qori kartaa mana daabici kartaa?

Marka, aan aragno sidii uu uga jawaabay?

1. Haa, oo mushaarka waa helnaa.
2. Haddii aan lagu aqoon in aad dawladda u shaqayso meelaha buuqa ah oo dad la

raadsanayo galaan, iyana aad ka dheeraato, cidna qof ahaan kuu cayrsan mayso.

3. Maya. Kuwaas kuma dhacdid.

Haddaba, uruurinta iyo baahinta dhacdooyinka dagaalka sokeeye, dad baa jecel in aan la taaban oo sidaas lagu halmaamo. Dadka sidaas jecel waxa ay og yihiin gaboodfalkii Xamar ka dhacday iyo deegaanno kale intaba, laga soo bilaabo 1990—gaar ahaan, 1991. Intii samaysay oo qaarkood weli nool yihiin iyo intii ka dambeysay oo kobtii ka sii wadda—lagana yaabo in qaarkood maanta weli wadaan, ma jecla cidda qorta sheekooyinkaas.

Haddii ay raalli ka noqdaan in si dhab ah loo qoro, waxa ay ku noqonaysaa qiraal lagu dabo geli karo qof ahaan, guud ahaanna waxa ay fadeexo iyo cambaar aan harin ku noqonaysaa koox ama isbahaysi, sida magaca *Mukulaal madoow* oo Xamar caan ka ah.

Kooxna waa kuwaas lidkooda, oo wax kasta in bannaanka la soo dhigo bay rabtaa.

Labodaas kooxood qolo ka duwan baa jirta. Waa sooyaal yahanno iyo inta la aragti ah. Jeclaan iyo nebcaanba, waxa ay og yihiin doorka sooyaalka.

Dadku waxa uu ka walaacsan yahay timaaddadu waxa ay la soo hoyan doonto. Hase ahaatee, lama hilaadin karo waxa ay timaaddadu la imaan doonto haddii aan wax laga ogaan waxii hor u dhacay, ama tagtada.

Sida aad ku aragtaan dahaarka dhiganahan, *Kadeedkii Xamar iyo Kalaguur* waa qayb kale, ama tibix ka mid ah dhacdooyinka dagaalka sokeeye ee Soomaalida—oo weli socda.

Aan ubucda sheekada ku durugnee, "*Intii qar jirey quruurux isna waa jirey*" waa murti gundhig looga dhigi karo ujeeddooyin badan.

Inta sooyaalka laga hayo, nooluhu weligiba hayaan buu ahaa. Kobta uu markaa joogo haddii ay ku xumaato, waa ka hayaamaa.

Daldoorsi haddii ay tahay, iyana waa la xeer.

Hayaankaas, Soomaalidu waxa ay ka tiraahdaa:
Ragga (dadka) socodku waa u door haddii mowdku daayo.

Qaranbila waa gabar Soomaaliyeed. Labaatankii baa u buuxsamay. Bare <u>Shaqo-qaran</u> bay ka ahayd rugtii ay ku dhalatay kuna barbaartay. Hab dawladdii askarta ee 1969 la timid buu ahaa. Dhaqan asal ahaan Soomaaliya soo saartay waa ka weyn yahay. Dalal badan oo dunida ka mid ah, inta aadan shaqo ama jaamacad bilaabin, <u>shaqada qaranku</u> waaba labo dabshid ugu yaraan.

Noloshu gado badane, Qaranbila iyada oo aan afartan u dhaweyn bay gashay dhowr hayaan oo dhan walba ay ilmada u sayrisay—haddii uu ahaa walaac iyo waxbarasho, qalinjebin iyo qiraal, qurbe iyo qaran, quus iyo qardojeex, geeri iyo guur, badbaadin iyo baafin, iyo waxa la hal maala.

Hayaankii koowaad intii aysan gelin, waxa ay ku ducaysan jirtey "Allow ha i dilin, aniga oo aqoon sare kula soo laaban deegaankayga." Haddii loo sii sheegi lahaa waxa ay kula soo laaban doonto, cidna si sugan uma hilaadin karto waxii ay ku ducaysan lahayd—waxaase suure ah in ay ducada wax ka beddeli lahayd.

Hawada qofka iyo halka Eebbe la damco waa labo hayaan, oo mid aadan inta badan talo ku lahayn.

Yeelkadeede, hayaankii koowaad ee Qaranbila, ugu yaraan 1400 km buu ahaa. Sawirka eeg.

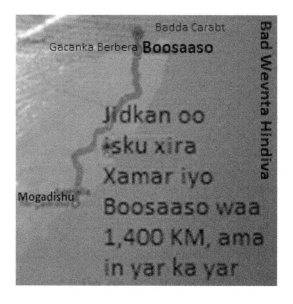

Haddana, markii ay ku jirtay geeddigaas 1980, Garoowe iyo Boosaaso jidku ma dhisnayn waana ka dheeraa inta sawirku muujinayo. Eeg isna sawirrada soo socda ee Boosaaso 1980-1996 iyo Xamar 1990.

Sawirka midig kore ee 1980-meeyihii waxa aad u eegtaa ka kale ee soo socda ee Xamar isla waagaas.

Sawirka midig kore ee 1980-meeyihii waxa aad u eegtaa ka kale ee soo socda ee Xamar isla waagaas.

Muuqaallo ka mid ah Xamar 1990, intii aan lagu kala guurin Ilbaxnimadii caasumadda

Fiiro gaar ah: Xaaladaha sawirrada ka muuqda heerarka ay soo mareen iyo sida ay magaalooyinku hadda kala yihiin qof walba aragtidi uga bax—ama eeg [*Baadisooc oo wata 400+ sawir, waa 2 dhigane oo mid sawirradu madow yihiin iyo mid sawirradu midab yihiin, amazon 2018, Cali M. Cabdigiir (Caliganay) ISBN: 9781983449703, 1981983592713*].

Si ay ahaataba, dugsiga gabadhu ka dhigeysay nurkaas, waxaa la oran jirey Baribila. Waa dugsi dhexe. Dabshidku waa 1980. Dalku waa Soomaaliya. Maammulka dalku askar buu gacanta ugu jirey. Diiftii dagaal lagu jabay baa dalka weli ka muuqatay. Taas iyo arrimo kale oo isbiirsaday, bulshada badankeed aad bay u saluugsanayd dhabbihii dalku ku joogay.

Kolba uu dagaalkii ku jabay, Jenneraalkii afgambiga ku qabsaday 1969 in uu xukunka wareejiyo—isla markaasna uu gacanta shacabka ku cesho baa la jeclaa. Balse, hammi askarta dhexdeeda ka furnaa ma ahayn.

Arrimahaas oo dhan gabadhu waa la socotey wax baase uga sii darnaa. Nolosha guud, dhankeeda wanaagsan baa u muuqday, balse ciiryaamo yar baa ku jirtey. Jacayl baa ku rafanayey. Helitaankiisa ama nolol aysan ku qanacsanayn baa midba dhan iska tusayey. Hal midab iyo hal magac baa jacaylkaasi lahaa.

Wiil uma qabin jacaylka. Hanti badan in ay yeelato bar tilmaameed uma ahayn. Dhakhtarad in ay noqoto baa jacaylkeedu ku qufulnaa.

Kama heli karin aqoon dugsi sare ka baxsan gobolkaas. Sabab kale oo meesha xuddunteedu ku xabaalan tahay ka wadi kartey diiwaankeeda kuma jirin.

Aabbo iyo hooyo jecel baa korsaday. Aad bay ugu qanacsanaayeen habkii gabadhoodu ay nolosha u eegi jirtey.

Aaggu aad buu nabad u ahaa, haddana, aqoondarro qudheedu in ay colaad tahay inantu ma moogayn. Walaacaas, inanta waa lala qabey. Magaalooyin badan oo Soomaaliyeed baa nalku ka densanaa. Boosaaso, iyadu kuwa uu aadka uga densanaa bay ku jirtey.

Magaalo aan Xamar ahaynba dhallintu waa ka hayaamaysay. In badan baa hammiga Qaranbila oo kale ka guuxayey. Kuwa aqoon yeelashada jecel sida gabadha—gaar ahaan kuwa gobollada, caro baa u sii dheerayd. Magaalomadaxda un in ay shidnaato baa carradooda qayb ka ahayd. Haddana, in aan dareenkooda cidba dhegeysan jirin bay tuhunsanaayeen. Carada un bay ku sii kordhin jirtey.

Malaha, Xamar, iyadu isma weyddiin jirin sababtii loogu soo ururayey. Waxaaba laga yaabaa in dad badan oo iska arkay iyada oo ladnaan la ciiraysay aysan su'aalba gelin in ay sidan sii ahaan doonto iyo in kale—iyo sababtii ay heerkaas ku gaartayba.

Weliba, markaas, dadku maammul uu soo dhaweeyey markii uu dhashay buu dhaliilayey. Bulshadu iskama saluugsanayn habdhaqankii dawladda ee isaga baa ummadda gabay. Af iyo addin, maan iyo muruq, aqoon iyo aragtiba waa ka cabburiyey, dhaqan iyo dhaqaale, gaar ahaan dhallinta iyo inta aqoonta leh.

Yeelkadeede, ciid beerashada ku wanaagsan iyo biyo falti ah baa aasaaska barwaaqada ka mid ah. Nabad, iyadu waa nolosha tiirkeeda koowaad.

Xamar intaas bay isku haysatay. Barwaaqo iska timid ma ahayn. Biyo iyo ciid wanaagsan marka la isla helo, dhulku isma beero. In biyaha iyo ciidda la isku farsameeyo baa barwaaqo looga dhalin karaa.

Maan, maal iyo muruq baa la isugu geeyey. Soomaali deegaanno kale soo cidlaysay baa suuregalka qayb weyn ka qaadatay. Iyaga baa deegaan yare hor marsan ka dhigtay.

Haddana, Caasumaddu iyada baaba wax sii tabanaysay. Laga soo bilaabo 1900, Soomaalidu waxa ay tartiib uga guuraysay miyiga. Haddana, 1960-1980, dhallinta shaqo iyo aqoon sare doonaysay waxaa bar tilmaameed u ahaa Xamar iyo dalal kale. Hanti iyo hammiba waa la imaanayeen. Bulsho weynta Xamar qaarkeed baan sidaas ugu jeedin ee koyto ku sheegayey.

Hal jaamacad baa Soomaaliya ku tiil iyana Xamar bay ka dhisnayd. In gobolladu xuquuq taas la mid ah la lahaayeen caasumadda, khasabna aan looga dhigin reero sabool ah in ay ku noqoto "Haddii aad aqoondarro neceb tahay, Ilmahaaga soo dir halkaanna ku biil," Xamar kulayl kuma hayn. Bulshada iyo dhulka keligood eedda loo saari mayo ee aan sii soconno.

Halkaas jaamacad ee Xamar ku tiil waxaa la aasaasay 1953. Talyaanigii koofurta Soomaaliya gacanta ku hayey baa aasaasay. Ugu yaraan, 60+ dabshid baa Talyaanigu gacanta ku hayey koofurta Soomaaliya. Jaamacaddaas Talyaanigu aasaaskeeda lahaa, dhowr jeer baa hadba la ballaarshay.

1973 waxa ay ka koobnayd ugu yaraan 15 kulliyadood. Ilaa dawladdii dhammayd lagu kala dareerayba, 1990-1991, xataa kulliyadahaas middood laga ma furin gobollada dhexe iyo kuwa waqooyi midna. Baaritaan qumman kuma arkin in askartii majaraha dalka haysay—amaba tii bulshada ee askartu xoogtay ay dood adag ka yeelatay qodobkaas.

Dad baa ku dooda in dawladdii askartu dareen ka qabtay in dad badan oo aqoontii aadka loogu baahnaa yeeshaan. Waxaaba jira hadal laga weriyo Siyaad Barre oo oranaya: *"Aqoon yahan kacaandiid ah waxaa dhaama jaahil kacaan ah."*

Waa hubaal in Siyaad Barre jeclaa in uu madaxweyne ka ahaado dal dadkiisu aqoon badan yahay. Waxaase suure ah in uu maanka ku hayey in dalku yeesho aqoon yahanno isku kalsoon—isla markaasna wax walba isaga ku raaca.

Waa aragti aan dhici karine, murtida soo socota, iyada jiritaankeeda in badan iskuma diiddana.

Golihii Wakiillada ee dawladdii shacabka ahayd, ee askartu afgambiga ku samaysay 1969, waxa uu ka koobnaa 123 mudane. Waxaa ku jirey kuwo luloon jirey kolka doodaha la bilaabo. Qaar baa aragti sare lahaa. Waxaa xubnahaas ka mid ahaa nin la oran Faarax Gololley. Waxa uu ahaa nin kaftan badan, isla markaasna kaftankiisa runta ku taaban jirey.

Markii Maxamed Siyaad Barre talada dalka awood kula wareegay, bulshadu waa soo dhaweysay. Tii hore baa musuq lagu nebcaa. Bulshadu in maammulka askartu dhaami doono tii hore bay abdo ka qabtey.

Si kastaba ha noqotee, Faarax durba waa gartay damacii Siyaad Barre. Waxa uu u fiirsaday habkii uu xukunka gaar isu xijinayey—oo weliba uu u jeclaa in lagu ammaano. Xildhibaanku waa gartay in ay kelitashinimo ahayd. Faarax waxa uu kolkaas ku digey saddex talo in qofka Soomaaliga ahi kala doorto. In uu raaco ammarrada maammulka Siyaad Barre. Ama uusan waxba ka sheegin ee afkiisa xirto. Ama in uu diyaar u noqdo xabsi Afgooye ku yiil oo qofkii kacaanku dhibsado lagu tuuri jirey. Murtidaas Gololley ka tegey, sidan bay dhigan tahay: *War hoy afkaaga xiro, ama Afweyne raac, ama Afgooye aad.*

Si kasta oo aragtida nolosha loogu kala duwanaadaba, 1980, xaaladda dhallinta Soomaaliyeed waxa ay ahayd "Dalka ka dhoof, Xamar jaamacad u aad, ama Jabhadaha ku biir." Haddii sida Gololley loo dhigo waa: Ama *jabhadaha ku biir, ama jaamacadda ku biir ama jiilaal ha kugu helo dal shisheeye.*" Waxaa ku xigay adiga oo ciil iyo camal la'aan la ciiraya carriga iska joog.

Inantu waxa ay marar ku giisi jirtey:

Inaad aqoon sare ku diinto
Amaad dibed u cararto
Amaad Xamar degtaayoo
Jaamacad ugu duggaasho
Miyey dani ku xiran tahay?

Dullinnimadu waa maxay
Door maxaa dhigay Xamar
Inta kalena duur maran
Laga wada dalaabee
Dalka miyeyna kuba jirin?

Qaranbila waxa ay wax la qabtey
dhallintaas. Balse, iyada mid baa gaar ugu
weyneyd. Waxaa ka go'nayd in ay aqoon sare
soo yeelato deegaankii xuddunteedu ku
xabaalnaydna kula laabato. Xamar iyo
jaamacadda Ummadda baa abdo ugu dhawaa,
haddana fursaddaas sidii ay ku heli lahayd bay
ka qabtay walaac badan.

Saraakiisha dawladda u shaqaynayey
oo gobollada kale ka soo jeeday waxa ay guryo
ka dhisan jireen Xamar. In badan oo ka mid
ahna karaamo waxaa la ahaa in ay
xalaalaystaan hantida bulshada—kolkii
derbijiifku tuugsadona ay waardiye ku
dalbadaan.

Dawladnimo si xun loo fasirtay bay ahayde, gobolba sida uu ugu dhawaa Caasimadda baa dhaqdhaqaaqa dheeftu ugu dhawayd.

Ilbaxnimo aan in badan aqoon sida loo qeexo, Xamar, Marka iyo Kismaayo baa loo tirin jirey. Dhallinta gobollada ka tagta kolka ay Xamar tagaan, waxa ay iska raadin jireen afka Xamar looga hadlo. "Reer miyi baad tahay" in aan lagu oran bay sidaas u yeeli jireen. Waxa ay ahayd ilbaxnimo la iska dooni jirey. Ilbaxnimadaas oo awalba ahayd mid si xun loola booday iyada baa is-eersatay.

Waxa aan arki doonnaa kolka Xamar ummusho *"Kaas hadda eri kanna hadhow"* e', waxaa jiri jirey nadaam maammulkii askartu la yimid. Kolka dugsi sare laga baxo, shaqada qaranka waxaa ka horreeyey tabobar askarnimo, oo ay ku khasbanaayeen ardayda dugsiga sare ka baxda. Waxaa lagu xeroon jirey xero askareed oo Xamar ku taal. Waxaa loo yaqaan Xalane waageedii horena "Bootiko."

Tabobarkaas askarinimo waxa uu ahaa *"fad ama ha fadin."* Haddii aad shaqo ama jaamacad rajo ka qabto, Xalane in aad soo marto waxa ay ahayd xujo aan fure kale lahayn. Dhallin badan baa gaari la oran jirey Siisow ka soo raaci jirtey Boosaaso, Burco, Hargeysa,

Ceerigaabo, Gaalkacyo iyo magaalooyin kale. Kuwa aan Xamar ka aqoon cid ay ku sii degaan inta ay xerada Xalane gelayaan, waxa ay Siisowga ka codsan jireen in uu Xerada toos u geeyo.

Qaranbila waxa ay ka mid ahayd kooxdii Siisowga. Waxa ay dugsi sare uga baxday magaalada Boosaaso. Waa nur-dugsiyeedkii 1978-1979. Waxa ay Xalane iyo shaqo qaran isu martay 1979-1980. Bilihii ay Xalane ku jirtey, xerada bay ku hari jirtey kolka dhallinta fasax yar la siiyo. Allow yaa mar kaa dhammeeya bay uurka uga hadaaqi jirtey. Durba waxa ay u hilowday Boosaaso. Hoodo wanaag, shaqadii qaranka Boosaaso baa lagu ceshay.

Hase yeeshee, shishe bay maankeeda ugu jirtey sansaan aysan fursan doonin in ay mar kale Xamar ku soo laaban doonto. Xanuun hayey daawodiisuna aysan meel kale iyo si kale u muuqan buu ahaa.

Si kastaba ha ahaato, markase ay eegto xeebta dheer ee Boosaaso ee Gacanka Berbera, aad bay u riyaaqsanaan jirtey. Dhowr jeer oo ay dalxiis ahaan ku martay deegaanka Raascasayr, iyana waa ilmeysay. Bilicda iyo horumar la'aanta deegaanka baa hadba xusuus ku kicinayey.

Arrimahaas oo aan maankeeda nasiino qumman u oggolaan jirin awgood, Qaranbila dooni mayn in ay ku hakato waxbarasho dugsi sare. Xamar in ay hudhan tahayna kama dahsoonayn.

Qodobkaas waa loo sii dheeraa. Hammigeeda un buu dhib kale ku hayey. Waxa ay ka dhalatay reer sabool ahaa—oo jeclaan lahaa in ay u shaqayso, ama ay guursato oo reerka culayska ka qaaddo. Haddana, Qaranbila waxa ay ahayd sabool qab weyn.

Haddiiba ay shaqo danayn lahayd, shirkado loo shaqeeyo Boosaaso ma deggenayn—halka dalka badankiisna ayba ku yaraayeen.

Haddaba, kasho ay Boosaaso shaqo uga hesho aad buu u yaraa. Gobolka dhan baa aad u dib dhacsanaa. Waxa uu ugu dambeeyey gobollo la iska halmaamay in wax horumar ahba laga sameeyo.

Dawladdii bulshada ee tii ka askarta ka sii horreysay, kolka doorasho jirto baa gobollada abaabul isna shiiqi jirey marka codayntu dhammaato laga samayn jirey. Gobolka Bari, isaga waxaaba haddana loogu yeeri jirey **Gaariwaa**.

Balse, hadda, saadaashu, iyana waxa ay muujinaysaa in ay sii kobcayso, sida magaalooyinka kale ee xeebaha—iyada oo aan la kala reebin haddii ay yaallaan Gacanka Berbera, Badda Carabta iyo bad weynta Hindiya intaba.

Soomaalida baa tiraahda: *Qaylo walba qolo bay dan u tahay.* Murtidaas ujeedkeedu ma aha in qasku wanaagsan yahay ee nolosha baa wejiyadaas wadata—oo xataa geeri baa lagu yiri, "Horta, geeriyey maxaad tartaa?" Iyada oo hoos u dhuganaysey garaadka noolaha bay tiri, "Qof fursad waayey baan fursad siiyaa."

Dhan kale, waagii ay sida wanaagsan u shidnayd, oo niyad ahaan Caasumad Soomaaliyeed loo wada arkayey, haddii loo sheegi lahaa in Saylac, Berbera, Laasqoray, Boosaaso, Caluula, Eyl, Garacad, Hobyo, Cadale iyo kuwo kale oo xeebaha yaal ay camirmi doonaan—oo xoolaha cid raacda loo baahan doono, Xamar waxii ay ku talin lahayd aan sheekadan yar eegno.

In hammigeedu heerkaas gaarey baaba isweyddiin ahe, muddadii gaabnayd ee 1960-1969 oo ha-qof iyo hal-cod ay jirtey baa magaalo gobolka Bari ka mid ah doorasho laga abaabulay. Sida la sheego, iyada oo aan codayn baahsan dhicin baa lagu dhawaaqay in mudane *Hebel* ku guulaystay. Labo qof oo deegaanka ka mid ahaa baa doorashadii ka sheekaystay. Mid baa yiri, "Ari boowe, horta mudane *Hebel* ee lagu dhawaaqay in deegaankan laga doortay yaa u codeeyey?" Kii kale baa kolkaas yiri, "Ari boowe bal adba."

Waxaa iyana jirta sheeko yar oo kale. Nin baa u yimid nin kale oo geed weyn oo la harsan jirey salka ka jaraya. Kolkaas buu ku yiri, "War sow geedkii aan harsan jirney ma aha waxa aad gunta ka jaraysaa?" Ninkii waxa uu ku adkaystay in uu geedka jaro. Kolkaas buu haddana ninkii su'aal kale ku ceshay oo yiri, "War kolba haddii aadan goynta joojinayn geed kale ma beertay, maxaadse isaga dhigeysaa mid aan isaga iyo warasodiisa toona harsigiisa u baahan doonin?"

Xamar waxaa lagu barwaaqeeyey maal, muruq iyo maan Soomaali isugu geysay waxayna gaartay 1990 *"Dhulka ma lihid ee dhoobada iyo dhagaxa aad isasaartay haddii aad qaadan kartid adlee waaye."*

Kuwii sidaas lahaa qudhoodu ma ogayn in ay ahaayeen *"Xabbadi sugtay,"*—taas oo afcelin u ahayd *"Xabbadi keentay"* oo loo bixiyey Soomaali diyaaradohoodii lagu duqeeyey dabadeedna Xamar naf ka soo raadshay.

Bulsho walba hammigeeda baa meesha ay hadda joogto dhigaye, Waxa aan soo taabannay Qaranbila in ay muddo ka walaacsanayd sidii ay jaamacad ku heli lahayd—oo culays ku haysay ilaa maalintii ay ku gudubtay tijaabadii heerka ama fasalka afraad ee dugsiga sare.

Mugdigaas uga jirtey sidii ay aqoon sare ku yeelan lahayd bay haddana iska weyddiinaysay sababtii ay ugu khasbanayd in ay Xamar Jaamacad u aaddo.

Xusuuso in *"Saraakiisha dawladda u shaqaynayey oo gobollada kale ka soo jeeda ay guryo ka dhisan jireen Xamar deegaankoodana reeraha ka raran jireen."* Haddana, meelahaas ay hantida badan gelin jireen uma arki jirin in ay la xuquuq yihiin deegaannada kale oo aan webiyada lahayn ciidda beerashada ku wanaagsanna ka jirin, balse ay haysataan kheyraad kale oo horumarin mudan.

Kheyraadka koonka ugu doorsan waa dadka. Haddii la daryeelo isaga baa dul (qarfe) doog ka dhiga.

Si kastaba hor wax u dhaceene, Qaranbila oo sidaas walbahaar maankeeda ugu baaranayey baa maalin aragtay warqad derbi ku dheggan, 2aad, 1980. "Maalin hebla iyo meel hebla waxaa ka hadli doona wafdi uu hoggaaminayo Injineer Kaabiye oo Xamar laga soo diray—oo ka hadli doona mashruucyo gobolka laga samayn doono," baa Qaranbila indhoha laa raacday.

Bal in kulliyadda caafimaadka ee jaamacadda Ummadda iyana laga furayo Hargeysa, Burco ama Gaalkacyo in ay maqasho baa hammigeeda ku rafanayey. Markaas, Boosaaso, iyada Suuraha kumaba darin.

Si hammi noocaas ah ugu baartoba, Qaranbila waxa ay isasii taagtay madashii. Waxa ay ka mid noqotay safkii koowaad, si aan warba u dhaafin. Injineer Kaabiye oo dawladda u shaqaynayey isla markaasna ka soo baxay Jaamacadda Ummadda, oo sida aan soo taabannay Xamar bes ka dhisnayd, waxa uu hadalkiisii ku bilaabay:

> Wafdigani waxa uu uruurinayaa aragtida dadweynaha gobolka. Dhowr mashruuc baa ka ugu suuregalsan uguna doorsan baaritaan laga samaynayaa. Aragtida aad u badataan baan qaadaynnaa. Iyada oo arrimo badan la

eegi doono, khasab ma aha in mashruuca aragtidiinnu u badato la qaadan doono. Wafdigu waxa uu gudbinayaa aragtidiinna talodiisana waa raacinayaa.

Dadkii aragti qodan madasha ka dhiibtay baa Qaranbila ka mid ahayd. Waxa ay haddana gaar u sii taabatay in ay ka walaacsanayd abdo xumo ay ka qabtay in ay aqoon jaamacadeed yeelato—isla markaasna aysan u jeedin meel Xamar ka sokeysa in laga helayo—maadaama ay shaqo qaran ku jirtey tillaabadii ugu xigtayna ahayd jaamacad.

Walaacaas gabadhu muujisay, Injineer Kaabiye oo Saylici isna jaamacadda looga baxshay, kolba uu yaraantiisii reer Saylac ahaan jirey, si hoose bay u taabatay. Sooyaal noloshiisa ka mid ahaa baa ku soo dhacay. Gabadhii buu u qushuucay waxayna noqotay in uu kala sheekaysto shirkii kaddib.

Kaabiye waxa uu u shaqaynayey dawladda. Boosaaso baa loo diray. Sida aan soo tibaaxnay, waxun horumar ah oo dawladdu damacsanayd in aaggaas laga fuliyo baa aqoon baaris ahaan loogu diray.

Basle inta aynaan maquuran sheekadii dhex martay Injineerkii Boosaaso sahanka loogu diray iyo Qaranbila, aan dhahno Boosaaso waa tuma?

Boosaaso magaceedii hore waxa uu ahaa Bandarqaasim, ama magaaladii Qaasim. Magaca Boosaaso qudhiisa doodo badan baa ka jira. Qoraallo baa sheegaya in ay ahayd hal geel ah oo uu lahaa ninkaas inta badan Carabka lagu sheego "Qaasim," oo tuulada wax ka deggenaan jirey. In ninku Carab ahaa qudheeda lama hubo maadaama Iiraaniyiin iyana aagga wax ka deggenaan jireen. Boosaaso waxa ay saaran tahay Gacanka Berbera, sida Berbera, Saylac, DiJabuuti iyo .... Boosaaso iyana waxa ay Gacanka Berbera ka sarreysaa 15 Baac oo keli ah. Sida Berbera, Laga bilaabo bisha Maarso (3aad) ilaa Ogosto (8aad) qoysas badan baa ka aada magaalooyinka dhinaca hawada ka dabacsan, sida Gaalkacyo, Garoowe, Carmo, Qardho, Laas caano iyo dhinaca Sanaag-ba. Sooyaalka Boosaaso qaar baa xusaya in la aasaasay qarnigii 14aad.

Imminka, 2018 ee qarnigan 21aad, xataa marka cimiladeedu ugu xun tahay, Bisha Ogos (8aad)—oo Ogos iyo aammus Boosaaso looga yaqaan, qof aad tiqiin in aad arki weydo ma ahine, in cid xagaaga ka baxday lama moodo. Marka laga hadlayo Soomaaliyadii midowday 1960, in kasta oo aad arki karto meelo intaas barkeed sheegaya, Boosaaso waxaa ku nool ugu yaraan 180, 000 (eeg mareegaha soo socda)—iyada oo aan lagu darin 40,000 oo qaxootinimo ku jooga—amaba aan deegaan lagu tirin—tiradaas oo guud ahaan isku noqonaysa 220,000.

1980, gobolka Bari oo dhan waxaa ku noolayd 222, 300 qof. 1931, Bari iyo Nugaal oo isku ahaan jirey Majeerteenya, waxaa ku noolayd 49,000 qof. Kororta bulshada Soomaalida waxaa inta badan la isugu soo celceliyaa 2% nurkii. Haddaba, 49000 $(1+r)^N$ haddii aad adeegsato waxa ay noqonaysaa 49000 $(1+.02)^{87.}$ Xisaab yahankii aan u bandhigay waxa uu ka dhigay 247, 417 qof.

Maanta, Xamar waxaa ku nool 2+ malyan. Haddii uusan imaan lahayd *Kadeedkii Xamar iyo Kalaguur*, saadaashu waa in ay maanta ku noolaan lahayd 6 malyan.

Si kastaba ha ahaatee, maadaama maammullada beelaha u kala teedsan badankood aysan qoraal iyo tirokoob midna door siin—in kasta oo Soomaalilaandi tahay ta keli ah oo waxun xil ah iska saartay, marka la tixraaco mareegaha dunida oo Qarammada Midoobay ku jirto, sida kala nool magaalooyinka Soomaalida ku miiran tahay, ama bulsho aan badnayn la deggen tahay u kala hor marshaan sidatan: Xamar, Jabuuti, Hargeysa, Jigjiga (Itoobiya), Berbera, Burco (marar baa la isweydaarshaa Burco iyo

Berbera), Kismaayo, Marka, Jamaame, Baydhabo, Boosaaso—halka Garissa (Kenya) oo Soomaali u badan tahay ku nooshahay in ku dhow 70,000 qof.

Fiiro gaar ah: Boosaaso ma oggola in lagu sheego meel ka durugsan magaalada 3aad ee Soomaaliya—halka Hargeysa iyana aysan yeelayn in ay ku nooshahay wax ka yar 900,000 -1,000,000—in kasta oo mareegaha dhammaantood hal mooyaane qorayaan 500,000.

Sidaas oo ay tahay, maadaama aan soo taabannay in maammullada Soomaalidu aysan xil iska saarin aqoonbaaris iyo tirokoob midna, qoraagu waxa uu adeegsanayaa hilaadda adduun weynaha—taas oo Soomaalidu ku leh: **Shaqadaada haddii aad qabsan weydo cid kale baa kaa shaqaysanaysa ee ha cadanyoon**.

Marka, sida aad jeceshahay haddii aad isaga dhex arki weydo, ha cadanyoon ee wax akhri, wax baar, waxna qori. *Hagaha qoraagu waa akhristaha.*

Buntilaandi iyo Soomaalilaandi waxa ay kala sheegtaan 2.5 malyan iyo 3.5 malyan—iyaga oo marar midba buuxiso 3 iyo 4—in kasta oo mid walba gaar u tirsato Sool, Sanaag iyo Buuhoodle.

Haddaba, marka ay Xamar deggen tahay 2.5 malyan, iyada oo tirada guud ee Soomaaliya lagu hilaadiyo 12+ malyan, suuregal ma aha in dalka intiisa kale ku nooshahay 4 malyan bes. Marna muran laga ma keeno baaxadda Xamar iyo Hargeysa—haddana reer Buntilaandi waxa ay ku doodaan in Boosaaso tahay magaalada saddexaad.

Hase ahaatee, mareegaha soo socda oo aan xigannay, sida booksmongabay.com, worldatlas.com, statoids.com, countrystudies.us, population.mongabay.com, worldmeters.info, tradingeconomics.com, populationdata.net, worldpopulationreview.com waxa ay Boosaaso ka dhigayaan magaalada 9aad. www.en.wikipedia.org oo keli ah baa ka dhigaysa 3aad—oo iyana reer Hargeysa ka dhigaysaa 1.9 malyan (2015)—taas oo runta ka durugsan.

Si kastaba magaalooyinku ha isugu riixaan tirada dadka ku kala nool e', biyoshubka doodda yar waa sida *nabsigu u wareego, oo maanta magaalooyin ay deggenaan jireen 5000-1000 qof ay maanta deggen tahay 200,000-600,000 qof*—iyada oo haddana saadaashu tusayso in ay sidaa u sii kobcayaan ee aan Boosaaso, Qandala, Saylac, Laasqoray, Ceerigaabo, Caluula aan lagu sheegi doonin Gaariwaa.

Amaba wareerka tirada dadka Soomaaliya (yaan lagu ilduufin tirada dadka Soomaalida iyo tirada dadka Soomaalida) aan mar kale eegno. Marka la tixraaco *"The cost of Dictatorship: The Somalia Experience (amazon ka eeg))* ee *Jaamac Maxamed Qaalib (Jama Mohamed Ghalib)*, 1960, dadka Soomaali-Ingiriis waxaa lagu saleeyey 740,000—halka Koofurna 1.3 malyan. Marka, 740,000 $(1+0.02)^{58}$ waxa ay noqonaysaa 2.4 malyan—halka Hargeysa looga dayrinayo maanta (2018) hal malyan.

Dhiganaha Baadisooc(450+bog) ee isla qoraagan, oo qoreyaal ku taliyeen in Jaamacadaha Soomaaliyeed ku baxshaan aqoonbaaris xeebaha Soomaalida ku saabsan—maadaama uu ka hadlayo Jabuuti ilaa Raas Kaambooni oo xeebta la raacayo, waxa uu qorayaa in maanta, 2018 ay Berbera, Boosaaso, Xamar, Marka iyo Kismaayo ay ku nooshahay 4 malyan. Hadddii la isku jaabeeyo inta kale oo xeebaha yaal sida, Xiis, Maydh, Saylac, Laasqoray, Qandala, Caluula, Bareeda, Xaafuun, Eyl, Garacad, Hobyo, Cadale iyo Baraawe, iyana laga keeno 500,000—taas oo bulshada xeebaha dhaafinaysaa 4.5 malyan, ma jireyso sabab Xamar loogu ururo.

Haddii hal jid oo xeebaha raaca la sameeyo qiimo kasta ha ku kacee, facyaalka dambe waxa ay arki doonaan xoolaha oo wax raaca la waayo. Riyo qof waalan waa loo arki karaa aragtidan, balse qof baa wax aan suure ugu muuqan in badan ka hadla—

waxaana kolkaas yididiilo u arka indheergarad geesi ah.

"*Boosaaso waa tuma*" baan weli raadkeeda ku joognaaye, Jaamacadda Bariga Afrika (East Africa University) oo xarunteeda weyn Boosaaso tahay, waxa ay ka mid tahay kuwa ugu wanaagsan iskuullada aqoonta sare laga raacdo ee Soomalida.

Sooyaal badan oo duugan baa u baahan in la soo qufee, Injineer Saylici waxaa u soo baxday in Qaranbila ay aad u jeclayd dhakhtarnimo. In kasta oo uu la socdey in gobollo badan horumarba in laga sameeyo dawladdu indhoha ka saabatay, ma sii qodin sababtii ay dhakhtarnimo u doonaysay. Waxaase taabtay un jeclaantii aqoonta ee gabadha, iyo liidaanyo ay qudhiisa ku kicisay.

Maankii Saylici 10+ dabshid buu dib u gurtay. Waxbaroshadiisii buu gadaal u raacay. Saylac buu ku dhashay kuna barbaaray. Kolkaas uu Qaranbila la kulmay soddon baa gu' ama labo u wehesheen. Qaranbila buu tobonkoo dabshid ama nur ka weynaa. Shan dabshid buu shaqaale dawladeed ahaa.

Kolkii uu dugsi sare ka baxay 10 nur ka hor, reerkoodu ma awoodin in ay Xamar Jaamacad ugu diraan meel ka fogna warkeedaba dhaaf. Eeddadiis oo Xamar deggenayd buu carruurteeda ka tirsanaa. Sidaas buu aqoontii jaamacadda ku dhammaystay. Kolkii uu dhegeystay dareenkii Qaranbila iyo xaaladdii reerkooda waxa uu dareen ahaan noqday Qaranbila.

Markii uu Xamar ku laabtay, Kaabiye waxa uu ka sheekeeyey hammigii ku jirey gabadhii uu Boosaaso ku soo bartay. Qaranbila, cidna in aysan ka aqoon Xamar buu raaciyey. Ardayadda in wax loo qabto baa la jeclaystay. Xaq ay qaranka ku lahayd baa meesha yiil intii garaad fiican lahaydna u muuqday.

In dawladda laga shaqaaleeyo dadaal dheeraad ah uma baahnayn, balse hankeeda aqoon yeelashada in gacan lagu siiyo baa gaar loo eegay. Waxaa haddana halkaas ka soo baxday in aan Qaranbila la mudin in keligeed Xamar ku noolaato— oo ay ka fogaato qoyskeeda.

Haddii siyaalo badan wax loo eegay, waxa ay noqotay in aabboheed laga shaqaaleeyo wasaaradda Kalluumaysiga iyo Dekedaha, kolkaasna Qaranbila ay sidaas jaamacadda ku gasho. In kasta oo odaygu dhanka caafimaadka wax ka tabanayey, haddana, Qaranbila waalidkeed waa yeeleen taladii.

1980, Qaranbila waa gashaanti dhallin badan doonaysay in ay nolol la wadaagto. Haddana, in yar baa tiqiin bilicdeeda qarsoon. Dhowr wiil oo la socdey sidii ay u doonaysay in ay dhakhtarad noqoto abdo badan kama qabin in ay oori u noqoto.

_2_

Sabteembar 1980

Iyada oo sidaas dhallin badan indhoha ugu hayeen baa geeddi taladii la wareegay. Qaranbila reerkoodu Xamar buu u guuray. Markaas, Qaranbila waxa ay soo dhammaysatay hal dabshid oo shaqo qaran ah.

Si kastaba ha ahaatee, Sabteembar 1980, Qaranbila waxa ay hoodo u yeelatay in ay bilowdo kulliyadda caafimaadka ee Jaamacadda Ummadda. Waxaa meel ugu guntanayd in ay Xamar u deggenayd waxbarasho bes. Labo dabshid kolkii ay aqoonta caafimaadka jafeysay, waxa ay yeelatay dhaqan ay ku raadiso aqoon dheeraad ah.

Nooc ay tahayba, haddii kashuhu u oggolaado, aqoon kororsi, Qaranbila ma baylihin jirin. Cashar kasta oo si gaar ah loo bixinayo in ay isku qorto bay bilowday. Dadaalkaasi waxa uu la sii korayey takhasuskeeda.

Wax kasta oo barasho caafimaad ku saabsan, iyada, dhegta bayba u hayn jirtey. Haddii ay maqasho dhakhtar ka hadlaya baaritaan cusub, ama xanuun hadda la ogaaday nociisa, amaba daawo la soo saaray—ama xanuun kale loo adeegsan karo, meesha bay tegi jirtey.

Iyada oo aqoonta caafimaadka yare ka hilan ardaydii la heerka ahayd bay qalin jebisay. 1987,

Qaranbila waxa ay noqotay dhakhtarad waayo-aragnimo bes u harsan tahay. Waxa ay haddana ka mid noqotay dhowr qalinjebiye oo kulliyadda loogu qaatay kaaliyenimo. Maalintii qalinjebinta, waxaa madasha joogay sarkaalkii ay Boosaaso isku barteen, Injineer Saylici, bilowgii 1980. Darteed baa maammuuska maalin dib loogu dhigay. Kaabiye ama Saylici oo dal kale sodcaal uga imaanayey bay geed dheer iyo mid gaabanba u fuushay in lala sugo.

Nurkaas, ardaydii kulliyadda caafimaadka ka qalin jebisay bay u hadashay. In kasta oo ay jireen qalinjebiyeyaal iyada ka dhibco badnaa, iyada baa lagu maammuusay in ay u hadasho. Waxa ay tiri, "Kaabiye Saylici ama Injineer Saylici waxa aan kaa codsanayaa in aad istaagto." Kolkii uu istaagay bay inta ilmo iska tirtay tiri:

Saylici (magac jaamacadda ummadda looga baxshay), maammuuskan dartaa buu maalin dib ugu dhacay. Kolkii aan diidey in aan xirto astaanta qalinjebinta baa ardayda iyo bareyaashu dadaal u galeen in lagu la sugo. Intaas kaddib, ii fariiso hadalkaygana aan sii wato.

Galabtii aad xeebta Boosaaso igu lugeysiisay, 11 Isniin, 2aad, 1980, bare shaqo qaran baan ahaa. Kulankeennii 2aad buu ahaa. Waxa aan hor kuugu sheegay sidii aan uga walaacsanaa

Xamar oo aanan qofna ka garanayn sidii aan jaamacad ugu aadi lahaa. Tobon beri oo aad Bari ku sugnayd baa labodoo beri kaaga harsanayd.

Walaacaas darti baan biyaha hadba dhagax ku tuurayey. Marar baad inta istaagto dhuuxaysay erayadii aan ka oranayey abdadii aan ka qabey in aan aqoon sare yeesho. Mar aan hadal tiro awgeed isku xishooday, inta istaagtay baad igu tiri, "Adeer, hooyaday oo aan calfan in aan abaal u gudo sidii ay waxbarasho iila jeclaan jirtey baad i soo xusuusinaysaa, ee galabta dhegeyste baan ahay."
Xaas ma aadan lahayn imana aadan shukaansan—isla markaasna adiga oo aan wax qumman iga weynayn baad adeegsatay "Adeer," si aad meesha uga saarto qushuuc haasaawe lagu soo dabayey. Intaas bes ma aha abaalka aan kuu hayo iyo qofnimada kugu duugan—bulshadana aan rabo in aan u sheego. Barqodii aad Boosaaso ka soo baxaysay, 14 Khamiis, 2aad, 1980, dugsigii aan baraha ka ahaa baad igu soo martay. Markii aad iga dhaqaaqaysay baan kugu iri, "Kashihii aad Boosaaso gabar ka baran lahayd anaa kaa qasay ee raalli ka ahow." Haddii

filkaygu 100 dabshid, amaba ka badan gaaro ma halmaami doono jawaabtaadii.

Haddaba, galabta, dhammaadka 1987, marti guud, Barafasoorro—aniga oo kuwa qalaad afafkooda u gu sheegaya, ardayda, madaxda jaamacadda iyo madaxda kaleba, waxa aan u sheegayaa jawaabtaadii. Waxa aad igu tiri, "Haddii aan kula sheekaysan lahaa adiga oo aan walaac kugu jirin, haasaawe waa igu dhalan kari lahaa. Balse, waxa uu iga duulay kolkii aan dhegeysanayey walwalkii kaa haystay in jaamacad la'aan kugu dhacdo, waxaana guursan doonaa kolka aan arko adiga oo jaamacad ku jira."

Haddaba, maanta, xaas iyo labo carruur ah baa kuu jooga anna hadda baan ka hadlayaa maammuuska qalin jebintayda.

Martidii oo dhan baa istaagtay. Kaabiye baa in yar indhoha lala raacay. Sacab baa haddana loogu daray. Saylici inta istaagay buu Qaranbila ugu tegey manbarkii (dhismaha kooban oo aalaaba alwaaxda ka samaysan oo in laga khodbeeyo loo habeeyo) haddana hab siiyey.

Dhaqanka Soomaalidu yare waa kakan yahay. Soomaalidu dareenkeeda waa cabburisaa. Inta diintu bannaysay kolka laga saaro, qaangaarro lab iyo dheddig kala ah isma taabtaan. Hase yeeshee, galabtaas, in badan oo goobta joogtay baa qiirootay una aragtay Kaabiye in uu ahaa nin naxariis badan,

Qaranbila iyana ahayd gabar aan halmaamin in abaal la gudo marka uu soo maro.

In ay wax ka sii sheegto abaalkii ay u haysay Kaabiye Saylici, Qaranbila waxa ay haddana sii maaweelisay martidii. Waxa ay taleexisay sheekadan yar. Waxaa la yiraahdaa: habeenkii Dhadhabxaar.

Dulqaate iyo Ducaysato waxa ay ahaayeen qoys cusub. Reerkii saygu ka dhashay baa gabadhii ku kacay. Dhowr jeer bay inankooda ku waaniyeen in uu xaaskiisa furo. Talodaas, Dulqaate dhegta midig buu ku dhegeysan jirey ta bidixna waa ka saari jirey. Dulqaate xaaskiisa waa jeclaa isla markaasna jeclaanta waa loo sii weheshay. Waxaa jirtey habeen uu xanuunsaday oo uu hor iyo dabo noqday. Shuban iyo matag buu maryihii isaga dhaamay. Dhar uu aroortii xirto uma ool.

Ducaysato habeennimo bay dharkii mayrtay haddana wartay. Aroortii xigtay, iyada oo aan cid kale war u hayn shubankii iyo mataggii Dulqaate uu dharka xalay isaga dhaamay, iyo sidii xaaskiisu ceebtiisa u asturtay buu maqaawiirtii deegaanka shawrkii caadiga ahaa la wadaagay. Habeenkaasi magac gaar ah buu u lahaa Dulqaate. Waxa uu ula baxay Dhadhabxaar.

Iyada oo sidaas wax u jireen, Dulqaate, weli laga ma deyn "xaaskaaga fur". Waxa uu ahaa nin dul badan oo ay ka go'nayd in reerkiisa iyo xigaaladiisa isku wado. Isaga oo doonayey in uu xigaalada dareensiiyo sidii uu xaaskiisa u jeclaa buu madal ka yiri, "Xaaskayga furi mayo ee warka ha iska dhammaynina." Kolkaas baa lagu yiri, "Boqollaal bilic iyo basarba dheer baa carrada jooga ee maxaad uga fuqi la'dahay?" Si uu quusiyo dadkii doonayey in uu xaaskiisa furo, waxa uu yiri, "Iyada in nicitaanku ka yimaado ma ahine, aniga geeri baa iga wadi karta Ducaysato waxayna dhan iiga sii dhacday habeenkii Dhadhabxaar."

Sacab wanaagsan baa iyana la isugu dhuftay. Galabtaas, Qaranbila waxa ay noqotay dhakhtarad in badan xusuus ku reebtay.

Wanaagga haddii uusan dhaqankaaga ka mid ahayn in la iska keeno kuma waaree, Qaranbila dantii ay Xamar u timid waa ka gaartay. Madashii bay ka sheegtay in hamuunta aqoontu u sii dhahdhamayso, balse Boosaaso sugayso. Dawladdii askartu, aad bay u jeclaan jirtey in dhakhtar soo jeediyo in Boosaaso iyo meelo la mid ah inta la shaqaaleeyo loo diro. Qof kasta oo aqoon yeesha, Xamar in loo daayo buu geed dheer iyo mid gaabanba u fuuli jirey. Dabadeed, waxa ay noqon jirtid in wax kasta oo door ah Xamar loo aado.

Hase yeeshee, si kasta oo in ay Xamar dhakhtarad ka ahaato, aqoonteeda sii kororsato,

Jaamacadda in ay ka tirsanaatona lagu guubaabshay, Qaranbila waxaa u muuqatay Boosaaso.

Kolka loo eego dhaqanka dawladdii markaas jirtey iyo tii ka sii horreyseyba, Qaranbila waa la socotey in Xamar ahayd meeshii markaas aqoon kororsi ugu habboonayd. Balse, dhakhtaradda cusub, Boosaaso in ay dhakhtarad ka noqoto si fiican bay ugu guntanayd.

Iyada oo xaal sidaas ahaa baa waxaa soo baxday deeq waxbarasho oo labo dabshid ahaa. Hase ahaatee, dhakhaatiirtii cusbaa waa wada saluugeen waxbarashadaas. Deeqo kale oo la filayey in ay soo baxaan baa gadaal la isugu wada dhigayey. Deeqdaas laboda dabshid ahayd, dalka Maraykanka baa loo aadayey. Waxaa lagu soo baranayey daaweynta dadka dagaallada ku khafiifa (Psychological war trauma). Sida aan soo tibaaxnay, 1977-1978, Soomaaliya waxa ay ku jabtay dagaal ay Itoobiya la gashay. Askar badan oo dil xumaantii soo aragtay baa ka soo laabatay. Dhakhaatiir xanuunnada askartu kala soo laabato dagaallada—oo aan dhaqanka Soomaalida magac gaar ah ku lahayn, balse ah: argagaxa, riyada xun, qorowga, saska iyo salowga, murugada—haddii hal magac la isugu geeyana noqon kara **Isqulub** baa la soo baranayey. Dhakhtar ay Bukaan eegtiisa tabobar ku qaadan jirtey bay ku arki jirtey askar soo khafiiftay. Halkaas bay Qaranbila ka ogaatay in dhakhaatiir aqoontaas leh loo baahnaa.

Sidaas waxa ay ku yeelatay aqoonta baaritaanka cudurrada, daaweyntooda iyo weliba sida loola tacaalo xanuunnadaas aan soo taabannay ee badiyaaba ka dhasha dagaallada.

Goobaha dagaallada waxaa ka dhaca dil xun oo haddana si dadnimada ka baxsan loo galo ama xasuuq, silicdilyo, dhibibtir dan kugu keento amaba lagugu amro, saaxiibti ama saaxiibki oo si xun agtaada ugu dhinta. Waxaas marka la isku soo xooriyo bay keenaan murugo, qarow, sas iyo salow, argagax, waalli ugu dambayntana noqota isqulub ama waalli.

Markii ay soo laabatayba saf baa loo galay. Balse, dhakhtaradda in kasta oo ay aqoontaas soo yeelatay aragtayna in durba loogu yimid, si ay wax uga la qabato bukaanka, marna maankeedu kama leexan caydnaantii dhakhtar la'aanta ee ka jirtey deegaanka ay ku dhalatay kuna bartaartay.

_3_

Xamar 1990

Arrin kale oo aan dad badan la socon bay iyana Xamar uga sii foogaanaysay. Nurkii Qaranbila qalin jebinaysay baa walaac ku soo biiray. Xasilloonidii qof ahaaneed ee gabadha bay dhabqisay.

Sheegte inan la oran jirey oo isna kulliyadda siyaasadda ka baxay baa jeclaaday dabshidkii jaamacadda ugu dambaysay. Labodii nur oo ay xanuunnada dagaallada askartu ka qaaddo soo baranaysay, iyada buu sugayey. Markii ay Xamar ku soo laabatay dhammaadkii 1989, cagta buu cagta u saaray. In uu muddo saddex dabshid iyo dheeraad ah ka quusan waayo, Qaranbila walaac bay ku qabatay.

Si kasta oo uu isagu dayey in uu kalsoonideeda helo, Sheegte abaar buu kala kulmay. Sheegte iyo Qaranbila isku xaafad iyo derisba waa ahaayeen. Barashadii hore laftigeedu labo dhan ma ahayn. Mid Sheegte daandaansiga lahaa bay ahayd.

Ayaamo bay horraantii carrabka u laalaadisay. Samaato darteed bay sidaas u yeeshay. Balse, Samaato baa uga digtey Qaranbila in dhaqanka walaalkeed uusan wanaagsanayn.

1990 oo ay kulliyadda caafimaadka kaaliye ka ahayd—isla markaasna ay bukaan-eegto weyn toddobaadkii labo maalmood tegi jirtey, Qaranbila, nolosha Xamar kuma qanacsanayn waana sii nacaysay. In kasta oo aad looga rabey Xamar, maadaama ay iyana xirfad fiican ku lahayd xanuunnada dagaallada, Boosaaso meel aan ahayn uma muuqan. Saluugmadaas Qaranbila ku weynayd, ee ay Xamar ka sii jeedday waa gaartay Sheegte. Soo-dhaweyntii hore baa weli u sii muuqatay. Haddana, in walaashiis waxun sir ah oo dhaqankiisa ku saabsan ka gudbisay waa ogaaday. Walaashiis qudheeda, iyana waxun colaad ah buu u hayey.

Xuuraankaas darti, Sheegte waxa uu aad u sii kordhiyey ilaalintii iyo doonistii gabadha—halka iyana ku sii mintideysay in ay ka sii fogaato.

Bartamihii 1990, Qaranbila waxa ay goosatay in ay Xamar shadaafteeda ka uruursato, oo Boosaaso u wareegto. Dhul bannaan oo dhowr dabshid ka hor dawladda hoose siisay waa iibisay. Reerkooda oo awalba Xamar u yimid darteed, taladaas aad buu ugu raacay. Kolba ay isku xaafad ahaayeen, Sheegte isna waxba kama qarsoonayn.

Waxa uu bilaabay in uu xulufo samaysto lana socodsiiyo dhaqdhaqaaqa dhakhtaradda. Waxa ay ahaayeen dhallin markaas gaar u sheeganaysay Xamar. Dhowr jeer oo uu damcay in uu qaab afduub-xoogle ah ku guursado waa u suuroobi weyday. Mar uu damcay in uu gogol dhigto, in aan waxba ka caanocasayn baa gogosha horteediiba soo baxday, lamana fidin gogoshii. Jaciir baa halkaas uga sii dhacday. In uu ka dabaakhtamo baa ka go'nayd.

Walaashiis oo ka mid ahayd hablo ay Qaranbila saaxiib la ahayd baa laga soo xuuraami jirey arrimo Sheegte ku hamminayey in uu ku tillaabsado. Afduub loo muujiyo isla-dhuumasho in lagu soo uureeyo qorshaha bay ugu jirtey Sheegte.

Dadkii si dadban ugu baaqay Qaranbila walaashiis baa ka mid ahayd. Qaranbila socodkeedii waa yareysay. Jaamacadda, bukaan eegtada iyo guriga bay ku ururtay.

Sheegte iyo walaashi aad bay u kala aragti duwanaayeen. Samaato baa Sheegte walaashi la oran jirey. Waxa ay ugu sheegtay walaalkeed in Qaranbila aysan marna rabin in ay ku noolaato Xamar, sidaas daraaddeedna aysan guursanayn nin aan Bari ula guurayn. Walaal ahaan bay isla markaasna ugu taabatay in aysan isaga kaba helin.

Faqaas dambe oo ay islahayd haba ka quusto gabadha, Sheegte waaba ka sii carooday. Samaato, in kasta oo ujeedkeedu ahaa Qaranbila ha laga haro, dhankii Sheegte waxa ay ka noqotay colaad sii gaamurtay iyo xog loo qariyey.

Markii ay aragtay in hammigii walaalkeed ku socdey ahaa *"Cadkaanow ku cunay ama ku ciideeyey,"* Samaato waxa ay mar damacday in ay Ayeeyo-hooyo oo Marka deggeneyd u tagto. Ceeb ay ka baqaysay in walaalkeed sameeyo bay ka dhuumo—amaba madaxa ka qarso isla lahayd. Haddana, taladaas waa ka laabatay. In ay talo iyo tabarba ka geysato qaabkii Qaranbila oo nabdoon ay Xamar uga tegi lahayd bay u baaqatay kuna adkaysatay.

Illayn talo isuma kaa sheegtee, arrimo la dhayalsaday baa soo degdegay. Sheekadii ahayd '*Nin aan Bari iila guurayn guursan mayo*" bogga baa laga raray. Waxaa loo dhigay *"Intii aan guursan lahaa nin reer Hebel ah, ama Sheegte,* waa isdilayaa."

Sheekadaas qaybteeda dambe oo aan waxba ka jirin ee meel bannaan laga sameeyey, Sheegte run buu ka dhigtay. Haddana waaba la sii cayiliyey. Sheekadii waa sii baahday waxaana Sheegte loo tusay in qof ahaan iyo reer ahaan la yasayey. Xumaan buu dhiil ka dhaansaday.

In badan oo isbahaysigii Sheegte ka soo jeeday caro bay iyana uga sii dhaqaaqday. Sheegte waxaaba lagu sii guubaabshay in sheekadaas cayda iyo bahdilka ahaanka loo weriyey uu waxun fal ah uga jawaabo.

Samaato oo aragtay qaabkii sheekada loo fardeeyey baa ka gaabsatay in ay dhaqdhaqaaqa Qaranbila ay cidba kala sheekaysato waxayna ku sii dartay dadaal dheeraad ah oo ay gacan ku siinayso. Waxaa kolkaas la bilaabay in Samaato qudheeda lagu xanto **Doqon-dhiig la'**—awalba wacal bay ahayd mararna la oran jirey.

Dhammaadkii Nofeembar 1990, Samaato oo aad uga xumaatay xantaas suuqa loo marinayey oo wejiyo hor leh loo yeelay, Xamar iyana waxa ay foolanaysay dagaal. Dawlad lagu kala dareeray baa magac ahaan u jirtey. Qaranbila iyo reerkoodu waa xirxirteen.

In kasta oo dawlad la'aan dhaqan aad u xun yahay, Qaranbila waa faraxsanayd. Boosaaso in ay dhakhtarad ka noqon doonto baa u muuqatay. Biyaha badda Xamar iyo kuwa badda Boosaaso maanka Qaranbila, bilic iyo dhadhan ahaanba waa u sii kala duwanaadeen.

Bilohaas ay ka duubanaysay Xamar bay maalinharsi ugu tagtay reer Kaabiye. Sheekadii ay wadaagayeen Kaabiye, xaaskiisa iyo Qaranbila baa ku siqday heerkii kolkaas nabadda Xamar maraysay.

Cabbaar haddii arrimo badan hadba dhan loo rogey baa Qaranbila tiri, "Anigu, awalba Bari baan u socdey waana ka sii quustay heerka nabadda Xamar hadda marayso." Saylici baa kolkaas yiri, "Maxaad kula talin lahayd reer Kaabiye?"

"Gabadha iyo carruurta sii dir baan ku oran lahaa," Qaranbila. Xaaskii Kaabiye indhohii bay ku gubtay Qaranbila. Qaranbila oo dhibsatay sidii loo guulay baa inta afadii ku jeensatay tiri, "Abbaayo, Kaabiye abaalka aan u hayo kuma jirto in aan reerkiisa burburiyo, balse ka gaabsan mayo in aan ku taliyo in aad adiga iyo carruurtu meel nabad ah sii tagtaan."

Hadalkaas Qaranbila ku adkaysatay, xaaskii Kaabiye waano uma arkin. Sheekadii waa xirantay. Qaranbila waxa ay ka dhaaratay in Kaabiye gurigoodii geeyo.

Si kasta oo xaaskii Kaabiye qaboojin isugu dayday, Qaranbila waa ka soo istaagtay in la qaado. Iridka markii laga furay, bay Kaabiye ku tiri, "Sheekada haweenka ee Xamar taal sawir aad u xun bay muujinaysaa ee dir gabadha iyo carruurta."

"Aalaaba, haweenku waa cayiliyaan sheekooyinka."
"Kaabiye, haweenka badankood sheekooyinka ma
abuuraan ee waxa ay ka soo qaadaan odayaashooda
iyo kuwa haasaawuhu ka dhexeeyo," hore bayna u
dhaqaaqday.

Mantag meel aad jeceshahay kugu ma simo
waa murti dhaxalkeede, Diseembar baa lagu jirey.
Dhaliddii Xamar waa soo dhawaatay. Guubihii baa
dillaacay. Qaar baaba lahaa ilmaha timohoodii baa ii
muuqda—halka qaarna lahaayeen waa dabokeen.
Hadba meel baa la qarxinayey. Gobollada
dhexe iyo waqooyi jabhado bayba gacanta ugu jireen.
In badan baa hilaadinaysay in Xamar ay isku dhiman
doonto—haddana qaar baan rabin in warkaas la
fidiyo.
Sheekadan yar waa kaftan maqaal igu ah.
Maxamed Siyaad Barre baa u tegey nin timo jare
(rayiisle) ahaa. Waxa uu ahaa reer Xamar. Intii
timaha loo jarayey baa madaxweynuhu la
sheekaystay ninkii timaha u jarayey. Weyddiimo
badan oo madaxweynuhu ku baarayey waxa Xamar
ka jira kaddib baa mooggiisii su'aalo ku bilaabay.
Waxa uu yiri, "Madaxweyne, buuqa oo gobollada ka
soo yeeraa maxaa waaye?"
"Buuqu waa ciyaarihii gobollada," Siyaad Barre. Timo
jirihii baa kolkaas yiri, "Madaxweyne, isreebreebka
(Fiinaalku) Xamar maahinoo?" Siyaad Barre oo

markaas dheeshii laga badiyey haddana aan garan in laga badiyey baa yiri, "Haa, isreebreebku waa Xamar."

"Ninba dhan u badi" baa xaaladdii Xamar ku sii siqday. Nin la oran Ciise Cagoole oo aad u garaad badnaa baa nin uu garaadkiisa durayey sharad kula dhigtay in ay orod ku tartamaan. Niman baa la isula tegey waxaana la wada dhigtay lacag go'an. Kolkii firinbigii laga dhawaajiyey baa Ciise Cagoole gadaal inta u orday yiri *"Ninba dhan u badi."* Kolkii muran bilowday baa Ciise Cagoole yiri, "Marna ima uusan weyddiin dhankii loo ordi lahaa?"

Haddaba, galabtaas ay Qaranbila reer Kaabiye maalinharsi ugu tagtay waa Sabti 29, Diseembar 1990.
Sooyaalka Soomaalida beelaysi xididdo goor ay abuurmeen ama taabbogal noqdeen aan cidna aqoon bal sal adag ku leh. Taasi waxa ay door ka ciyaaraysay in ay la iska aamminay in beelo gaar ah ay la jireen maammulkii sii liicayey—sidaas darteedna la kala ahaa cid difaacaysay iyo mid tuuraysay.
Waxaa indhoha laga saabanayey in bulshadii la ugaarsanayey oo hayb ahaan maammulka la xijinayey qaybaha ugu badan ay xukunka askarta ka soo hor jeedeen—isla markaasna ay ahaayeen kuwii ugu horreeyey oo kacaanka ku kaca.
Si kastaba ha ahaatee, Qaranbila, iyada oo faraxsan oo reer Saylici wadajir ugu waanisay in

carruurta iyo xaaska la sii diro bay xaafaddoodii u carrowday. Meel gurigooda u dhow bay tagsi uga degatay.

Barxad yar oo xaafadda ahayd oo lagu xoonsan yahay bay aragtay. Waa ku leexatay. Shirib baa lagu tumayey. Xoogaa bay fiirsatay. Shiribku waa isku dhacayey oo dadkii gurdankeeda soo raacayey dan iyo daarad gaar ah cidna kama lahayn. Hadba labo qof baa su'aalo iyo jawaabo isweydaarsanayey. Mid baa yiri:

Mar horaa la showree
Shiikha maad u sheegtaan
Intaan shugle kula tegin
Shub maad tiraahdaan.
Ereey maad sheegtaan!
Shiikha maad u sheegtaan.

Cabbaar haddii sadarkaas la wadey baa mid yiri:
Shiraa la yeeshee
Shiikha maad u sheegtaan
Shub maad tiraahdaan
Minuu shubi waayana
Aa la shubsiihaa.

Su'aalihii kobtii baa laga sii waday badina waa loo wada jidboonayey. Su'aal baa kale baa haddana mid soo tuuray:
Shimmaan kooyee shaxda ii ballaarsha
Shiribka aan ku biiree

shaxda ii ballaarsha
Minuu Shiikhu shubo
Shiddo mey hareydaa?

Shiriblihii cusbaa ee ku dhawaaqay in shaxda
loo ballaarsho durba waxaa loogu jawaabay:
Sagaalkaa ka showrine
Horta Shiikha shuba dhaha
Yaa u sheega Alla yaa u sheega.
Yaa u sheega Alla yaa u sheega

Shiribku markii uu halkaas marayey baa labo
baaq la isku daray. "Aarey aa dhakhtaraddii
Qaranbila," iyada oo haddana mirihii shiribka loo
beddeley "**Sheeddaa la roogaa ii sheela shiribka**."

Sheekadan yar waxa ay dhacday dawladdii
Aadan Cabdulle Cusmaan madaxweynaha ka ahaa.
Faarax Gololley buu maalin u yeeray kuna yiri, "War
Faarax, horta Abgaal dawladdayda ma la jiraa mise
mucaarad buu ku yahay?"
"Shiribka baan ka ogaanaynnaa ee ha la soo
dhegeysto," Xildhibaan Gololley. Dawladdii Aadan
Cabdulle waxaa wasiirka koowaad mar ka ahaa
Cabdirashiid Cali Sharmaarke. Khilaaf dhex galay
darteed waa la cayrshay Cabdirashiid, kolkaasna
waxa uu soo magacaabay Cabdirasaaq Xaaji Xuseen.
Haddaba, Shiribkii Abgaal baa la dhegeystay
waxaana ka mid ahaa mirihii shiribka:

Mar waa Rashiid marna waa Risaaq inta kale ma rootaa!

Risaaq maa Rashiid ka roon Rasuulkii ha reed maree.

Qaybta 2aad

_4_

1991: Xamar iyo Kalacarar

Dawlad Soomaaliyeed markaas ma jirin. Maxamed Siyaad Barre un baa weli Xamar ku sugnaa. Gobol walba qabqable baa haystay—amaba waxa uu kula hardamayey kuwo kale. Kadeed iyo Kalaguur in badan hor u saadaalisay baa hadba karaarka sii qaadanayey.

Qaranbila oo sidaas wax ula socotey baa gurigoodii isaga gudubtay. Sheekadii shiribka bay ku taabatay aabboheed, oo markaas lixdanka ka foorarsaday. Waxa uu haddana la liitay xanuunka dhiig karka. Madaxa ayuu gacmaha saaray. Waxa uu ku taliyey in ay meel un xaafaddan ka aadaan inta ay eegayaan jidka ay ku bixi doonaan haddiiba fursaddaas la helo. Odaygu waayo-arag buu ahaa. Isaga oo digniintii uu baxshay sababeynayey buu yiri:

Soomaalidu waa isku dhaqan, haddana dhaqammo aan wax qumman kala fogeyn baa lagu sii kala xantaa isbahaysiyada. Haddaba, shiribka waxaa ka muuqata in barokicinta Xamar ka socota ay ka wada go'an tahay kuwa ku kaftama *'Dhulka ma lihid ee dhoobada iyo dhagaxa baad leedahay.'*

Qaranbila waxa ay beelaysi/qabyaalad in yar kala kaftantay aabboheed. Waxa ay ku tiri, "Aabbo, farodheer yaa ah?" Waxa uu yiri, "In kasta oo bulshada ka soo jeedda gobolladii Ingiriisku gacanta ku hayn jirey yare Qaldaamiin gaar la dhaho, haddana, dadka Mudugtii hore iyo ka shishe ka soo jeeda baa Farodheer loo baxshay. Mararna waxii reer Banaadirtii hore iyo jubbada sare aan ahayn baa lagu xagliyaa."

"Aabbo, Farodheerta ma qaar baa hadda barokicinta laga daayey?"

"Aragtidayda, hadda, farodheerta qaar xoog ku soo degay Xamar, oo cudud looga baqayo—isla markaasna imminka barokicinta loogu baahan yahay baa jira."

"Oo ma waxa aad leedahay inta wax wada barokicinaysa qudheedu isma jecla?"

Odaygii qosol buu jaanta dhigay. Inta dhakhtaraddii uu dhalay tartiib u eegay buu yiri:

Aabbo ma jiro waxa la yiraahdo Daarood, Hawiye, Isaaq, Ciise, Digil-Mirifle iyo kuwo kale oo guud toona. Cidda rabta in ay caddaalad-darro samayso baa hadba awrka ku kacsata. Haddii aad sii noolaato, waxa aad arki doontaa iyada oo mid walba hoos isu gumaadayso.

Qaranbila ma jeclaysan in aabboheed yiraahdo "Haddii aad sii noolaato," oo isagu iska reebo cidda sii noolaanaysa. Tartiib bay u eegtay aabboheed oo ay aad u jeclayd aadna ay uga walaacsanayd sida ay deegaankiisii ugu celin lahayd isaga oo naftu ku jirto.

Haddana, maadaama ay dhakhtarad ahayd, ma rabin in ay walaac kale ku sii gilgisho—oo hadalka ku badiso. Inta madaxa gacanta ka saartay bay haddana mac siisay.

1991, Xamar waa lagu kala guurayey. Bulshada qaarkeed Xamar bay Soomaalida kale ka shinsanaysay. Kuwo ku dhashay kuna barbaaray bay koyto u arkaysay. Kuwaas koytada lagu sheegayey kolkii tiro loo sheegtay awood la oggoleysiiyey koytonimo, si fiican bay ugu xirxirteen in ay toloobaan. Gobolkii loogu sheegay in awoowe ama aabbo ka soo jeeday bay bilaabeen in ay u huleelaan.

Qaar kumeelgaar bay ugu noolaayeen Caasumadda, oo deegaanno kale bay isku tirinayeen.

Qaybahaas dhammaantood, qabqableyaal ay mooryaan cudud u ahayd baa u wada sheegtay awood. Dawladdii Siyaad Barre qaar baa difaacayey—halka qaarna u dirirayeen in ay burburto. Labo kooxood oo mooryaan ah baa indheergaradku u wada arkayey weligoodna u arki doonaan.

Waxaa jirtey koox saddexaad. Kooxdaas, waxaa dabadeed loo baxshay *"Ku kacshaye yaa ku soo celin!"* Ha la rooro bay run mooday. Waxaa lagu kacshay dhulkiinna la wareega. Taasi waxa ay keentay in bulsho gaar ah la ugaarsado. *'Ku kacshaye yaa ku soo celin'* waxa ay ka badatay samofale iyo indheergarad intaba.

Maadaama Soomaalidu aysan dhaqan soojireen ah u lahayn akhris iyo qoritaan, ma hubaan intii ay ku noolaayeen geeska Afrikada bari. Badankood, xataa si wanaagsan uma cabbiri karaan waxa <u>qaran</u> loogu yeero. Sheekooyin aalaaba Carab in laga soo jeedo lagu aroorsho baa la isku maaweeliyaa—taas oo dadka qaar iska dhigaan in iyaga kobta loogu yimid kuwona doon ku yimaadeen. Iyada oo dad quraafaadkaas ka duulayeen baa meelo looga heesayey:

Eryaay eryaay
Doon buu ku yimide eryaay
Eryaay eryaay
Dulmi buu ku joogaye eryaay.

Mararna waxaa meelo laga lahaa:

Daannaxdaannax (Carab) dalkiisii gee
Daarood isna doontii keentay saar.

Guud ahaan, Soomaalida waxaa lagu tiriyaa dadka qiirada la booda. Falal dhibaato iyo dhadhan xunba la yimaada kolka ay dhacaan bay miyirsataa.

Haddana, guud ahaan, marka kuwa isla garnaqsada miyirsadaan, waxaa mashaqo noqota in xal laga helo *"Ku kacshaye yaa ku soo celin."*

Adduun iyo xaalki iska dheh. In kasta oo dad u qabeen in xiisaddu degi doonto—halka qaarna ka murugoonayeen qarankii oo isbahaysiyo beeleed u kala soocmayey, 1990, in badan oo dadkii dhisay ka mid ah baa ka cararayey Xamar. Xaalmarin halkeedee, dadkii Xamar caasumadda ka dhigay qaarkood baa xasuuq lagu bilaabay—halka kii ku harayna kulaalayey dab.

Qaranbila oo iyadu weligeed qabtay in aan horumarinta dalka loo qaybin, ee qaar la iskaba halmaamay, deegaankii ay awalba rabtay in ay ku laabato, waa ka fogaa. 1980, sida aan soo sheegnay, kolkii ay Xamar imaanayeen, Boosaaso waxa ay Xamar ka fogeyd 1400 Km—amaba in yar dhimman.

Ciddii rabtay in ay Xamar ka baxdo oo Boosaaso aaddo 1aad, 1991, jidku intaas waa ka dheeraa. Laalaab iyo dhuumasho meelo wareeg la gelayey baa lagu khasbanaa. Yeysan badnaanbe, dad baa doomo ku maray badda oo ka dhul bilaabay Hobyo iyo ka shishe.

Si kastaba ha ahaatee, Waqooyi, koyto un baa u socotey. "Farodheer" isna waxa uu ahaa magac kale oo bulshada lagu kala soocaminayey.

Hase ahaatee, awal, Farodheer waxaa loo yiqiin bulshada ka soo jeedda gobollada dhexe— Mudugtii hore iyo inta ka sii shisheysa. Bulshada degta Banaadir iyo Shabeellooyinka baa u adeegsan jirtey gobolladaas. Balse, 1990-1991, Farodheer waa la sii kala saaray. Farodheerta Mudugta shishe iyo inta ka sii xaggaysa baa magaca gaar loogu yeerayey.

Intii arrin sidan dhaantay ma bixin Qaranbila iyo reerkoodu. Goor talo dhabaqday bay xirxirteen. Dad badan oo islahaa xasillooni baa gadaal ka imaan doonta baa qorraxdii ku caddaatay. Weli qaar baan kalahaadkaasi aad ugu muuqan.

Saadaasha dadku marna 100% ma sugnee, jidadkii Xamar looga baqanayey labo baa ugu doorsanaa, jidka dheer oo Xamar iyo gobollada dhexe iyo waqooyi isku xira, iyo ka isku xira Xamar iyo Kismaayo—ka dambe oo inta ku baqata ay ku khasbanayd in ay deegaanka Soomaalida ee Itoobiya dhex maraan.

Sheegte, labadaas jidba waa la socdey. Garab iyo garaadba labadaas meel aan ahayn talooyinka kuma darsan. Haddana, waxa uu gacansaar la yeeshay qabqableyaal maadaama uu siyaasad bartay.

Dad baaba qudhiisa qabqable u arkayey. Dhaqdhaqaaqa Samaato, walaashiis indho gaar ah buu ku hayey. Dhallin uu adeegsado isna qiiq isku qariyo buu kalsooni ka samaystay. Kufsi, boob iyo dil aan loo raacanayn in bulsho gaar ah lagu fuliyo buu ku waaninayey.

__5__

Dhammaadkii 1aad, 1991, Samaato shaqo ma haysan. Bukaan eegtooyinkii yaryaraa oo gaarka loo lahaa waa lagu kala tegey. Xaafiis dawladeed oo shaqo loogu kallahayey warkeed dhaaf. Madaxtooyadii baa madaafiic lagu garaacayey. Barre in uu baxay baa afka loo badinayey.

Dad badan oo ay bilo hore ku waanisay in ay Xamar isaga baxaan oo cagaha ka jiiday bay u baqsanayd. Qaranbila oo weligeedba rabtay in ay baxdo waa daahsanayd.

Samaato waxa ay noqotay qof laba dhanba ka dhibban. Hase ahaatee, waxa ay goostay in ay Qaranbila gacan weyn siiso. Kolba ay intii goori-goor ahayd bixi weyday bay talo aan in badan u fadhin ku dirqisay.

Waxa ay ku adkaysay in ay ku baxaan jidka Afgooye dabadeedna u leexdaan halkaas iyo Buurhakaba→Baydhabo→Waajid→Xuddur→Tayeeglow, dabadeedna la eego xaaladda. In badan kuma hamminney in jidkaas lagu toloobo. Haddana, wax badan oo ka dahsoonaa Qaranbila baa Samaato la socotey.

Si loola socdo dhaqdhaqaaqa Qaranbila iyo Samaato, hadba Islaan baa ku oran jirtey Qaranbila, "Eeddo nabad Allaha kugu geeyo Bari ee dhaqaaqu waa goorma?" Waxa ay uga bixi jirtey, "Dhawaan eeddo." Dhowr jeer baa la damcay in telefoonka laga jaro Samaato baana shafka u garaaci jirtey oo oran jirtey, "Guryaha kale hortii ka jara." In la tumo baa Samaato qarka u fuushay.

Toddobaadkii ay Qaranbila iyo waalidkeed Xamar uga dhammaanaysay, dhowr boorso oo xoogaa dhar ah iyo dokumentiyo ugu jireen, midba mar baa xaafad kale la sii geeyey. Kirada oo awalba la geyn jirey—iyada oo hor loo baxshay mar baa la soo doontay. Ilaalada dhaqdhaqaaqa reerka lagu la soconayey buu ka mid ahaa. Dharaartii Qaranbila Xamar ugu dambeysay, waalidkeed Xaafad kale bay jireen. Qaranbila iyo Samaato un baa la arkayey.

Maalmahaas, Samaato dhowr jeer baa indhoha si dhab ah loogu guduudshay, waxun gacan ahna waa loo qaaday.

Ilaa labo jeer bay saaxiibteed ku tiri, "Qaranbila, haddiiba aanan kaa hor marin, marka aan Xamar kaa diro adiga oo nabad ah, waxaa igu weyn in aan u tago Habaryartay deggan Kambaala ee dalka Uganda." "Haddiiba aanan kaa hor marin" Qaranbila ma jeclaysan in ay maqasho. Inta ilmo yar iska tirtay bay tiri, "Maxaa kaa keenay quusta heerkan joogta?" Inta si fiican hab u siisay bay tiri, "Qaranbila, sida la ii xumaynayo maadaama aan gacan ku siinayo, waxa aad mooddaa in meel cidla' ah la iga helay."

Hase yeeshee, Samaato waxa ay ku faraxsanayd in shaxdii ay dejisay wejigeedii koowaad ku guulaysatay. Reer Qaranbila, Xaafaddoodii oo la oran jirey Wadahays nabad bay uga saartay. Weliba, toban saacadood—oo intii Qaranbila xumaan la jeclayd aysan ogaan bay sii dirtay.

Iyada oo dareenka Samaato heerkaas gaaray, haddana, wanaaggii ay samaynaysay intaas keli ah kuma joojin. Maadaama Sheegte tuhunsanaa kobta Qaranbila reerkoodu u baxaan in Samaato ay iyana u raacayso ilaa ugu sokeyn Beledweyne, halis bay qaadatay. Kolonyo u baxaysay dhanka Balcad bay raacday. Cidna isma oran Qaranbila baa dhan kale u baxday—amaba weli baxday. Samaato, raadgadasho bay u samaysay saaxiibteed iyo reerkooda.

Sheegte, kolba uu qabqable isu muujinayey, waxa uu iska ilaalinayey in la garto. Haddana, mooryaantiisa in badan baan muuqaal ahaan u aqoon Qaranbila. Qaar baan xataa walaashiis Samaato aqoon. Reer miyi iyo Bayhoof guubaabo beeleed lagu kacshay oo toddobaadyadaas la agaagumay bay u badnaayeen.

Yeelkadeede, kolonyadii bay ka dabo duuleen. Gaari yar oo ilaalo ahaa baa hadba soo basaasayey haddii cid meel uga harto amaba ku biirto. Jidku cidla ma ahayn oo gaariyaal yaryar iyo waaweynba lahaa baa isdhaafayey. Gaariga yar oo mooryaantu wadatey oo hadba dhan u xiimayey xisaab ma lahayn.

Si ay ahaataba, goor aasku si fiican u madoobaaday baa kolonyadii lagu joojiyey meel Balcad iyo Jowhar u dhexeysa. Markaas, Sheegte, guur kama rabin Qaranbila, balse in la kufsado oo ay uur la tagto baa qorshuhu ahaa. In la dilo dhib kuma ahayn haddii laga fursan waayo.

Haddana, isagu, kolba la garanayey, in uu cid kale ka adeejiyo buu goostay. Koryeerigii Samaato lagu ogaa baa gaar loola baxay kolkii laga waayeyna, dhammaan kolonyadii oo lixdoo ahaa baa la hooshay. Gabarna kasho lama siin.

Gaariyaasha markii la fuulay ama la galay dadkii baa lagu amray in ay horraantiiba hoos dhugtaan indhohana isku nabtaan. Intaas lagu ma joojin hordhicii ciqaabta. Qof walba xabbad liimo dhanaan ah baa loo dhiibay. Afka in uu gashado baa lagu amray. Dhowr qof oo in ay qayliso u hogbatay rasaas baa durba lagu aammusiyey. Qofna kuma dhicin haddaba in uu af iyo gacanba isla aado.

Sheekada liinta habar baa keentay. Kolkii mooryaantu Xamar ka soo baxasay bay joogtay aaggii ay ka soo dhaqaaqayeen. Waxa ay la boodday mashxarad. Liimo dhanaan bay meel ku godaysay. Dhowr jawaan oo ku baaray baa u yiil. Mid mooryaantii ka mid ahaa bay ku tiri, "Boojaaluhu haddii ay kugu ciyaan see yeelee?" Isaga waxa ay la ahayd in uu xabbad lagu aammusiyo, balse inta kistoo aammusay buu duqdii ku yiri, "Eeddo adigu sidee yeeli lahayd?" Inta qosol yar ku dhufatay bay tiri, "Gabdhaha lama dilee xabbad liin ah afka u gesha nooh, kolkaasna faaddiin."

Mooryaantii kale buu sheekadii la wadaagay waxayna noqotay tab la helay. Habartii inta liintii sicirbarar ku gadatay kolba lacag la soo xoogay baa lagu gadanayey e', bay tartiib u siibatay.

Dhaqan kasta oo xun qof baa keenee, kolkii dhowr haween oo liintii inta afka ka baxshay qaylo bilaabay, si gabdhaha looga cesho mooryaanta qaarkood xabbado baa la isaga reebay—halka qaarna qori salki la isaga fujiyey, waxa ay noqotay "*Afkii baa juuqda gabay.*"

Samaato labo inan baa geed ula durugtay. Sanboor dib <u>neef</u> ka noqday bay qabtay. Waxa ay ka mid ahayd dadka neefta badankeeda afka ka qaata. Daawo-ku-nool bay ahayd. Liintii waxa ay ciriiri gelisay hawadii ay qaadanaysay. Ayaandarro, waxaa haddana iyada afka looga kakabiyey mid xoogaa ka weyn intii uu qaadan karey.

Samaato, Sheegte walaashi, hore bay uga raacday. Mid baaba iyada oo meyd ah iska faganayey. Labadii mooryaan kolkii ay arkeen gabadhii ay kufsadeen in ay gacantooda ku dhimatay xogteedii waa isku koobeen. Aqoon la'aan baa loo kufsaday Samaato kobtii lagu kufsadayna meydkeedii looga tegey. Saacad barkeed baa hooshka guud socdey.

Waxaa jirta murti Soomaalidu sheegato, balse ah waayo-aragnimo waayuhu baray nooleyaasha— halka inta la og yahay dadka oo nooleyaasha ugu garaad badan ay qoloba murtidaas gaar ugu sheekaysto. Waxaa la yiraahdaa:

God walaalkaa ha qodin. Haddii aad ka fursan weydo in aad qoddo, kolba ha dheerayn. Waayo? Ma hubin kartid in adigu aad ku dhici doontid iyo in kale.

Waxaa jirta murti badan oo Soomaalidu adeegsato haddana aysan badiyaaba ku dhaqmine, Sheegte baa warbixintii loo uruurshay. Isagu dhowr inan oo Qaranbila garanayey buu horraantiiba gaar ula sii dardaarmay. Kolkii ay gabdho badan oo la rafaadshay indhoha la raaceen, wakiilladii gaar ahaaneed dayro ayey keeneen.

Sheegte, warbixintaas waa ku kalsoonaan waayey. Isaga oo madaxu u duuban yahay baa qof walba karbuuno afarqaad (afar bateri) ah indhoha looga shiday. Hal-hal baa toloobeyaashii loo tusay. Geeri iyo nolol toona, Qaranbila, reerkoodii iyo Samaato midna ma arkin. Tirada dadka gawaarida saarnaa 200 wax baa weheshay.

Si kasta oo baaritaan loo sameeyey, geeri iyo nolol, Samaato iyo Qaranbila midna lama helin. Qabqable Sheegte intaas kuma harin. Darawalladdii baa loo soo uruurshay. Mid walba waxaa lagu khasbay dadkii uu Xamar ka soo qaaday in ay u wada joogaan iyo in kale in u caddeeyo. Geeri iyo nolol looma kala saarin ee tiro guud baa la weyddiiyey. Gaarigii Samaato ay Xamar ka soo fuushay darawalkii watay ayaa xusay in gabar Balcad uga degatay. Darawalku waa ogaa mar kolonyadu in yar hakatay in gabadhu ka degatay lacag in loo celiyana aysan codsan—oo lacag celinteed aysan heshiiskii horeba ku jirin. Beledweyne in ay horraantii kula heshiisay buu intaas ku daray. Waxa ay la ahayd in ay Balcad ku hartay.

Arrintaas Darawalku bidhaanshay oo Samaato gaariyaasha ay u kala wareegtay mooryaantu lama socon. Had baa waddey gabadha. Godkeeda baa Banaadir ka qodnaa. Nolosha dhan baan markaas bilic badan la lahayn. Sababtii walaalkeed uu Qaranbila u ugaarsanayey baa dhadhan aad u xun la lahayd. Halistaas ay qaadatay Qaranbila uma oggolaateen.

Si ay ahaataba, waxaa yimid walaac aan loo fadhin. Meeshii Samaato iyo Qaranbila ka baxeen baa xujo noqotay.

Sheegte marna isma oran walaashaa inta mooryaantaada qaar ka mid ah kufsadeen baa haddana la diley.

Samaato walaalkeed, qabqable Sheegte iyo Mooryaantiisii—oo dhibaato geystay ciddii ay gaarka u doonayeenna aan u geysan baa laabtay.

Samaato waxa ay ku kortay rajonimo waxayna soo aragtay dayac badan. Iskoris waxba kama duwanayn. Marar bay isu sheegi jirtey in ay wacal ahayd. Soomaalida baa ilmaha meher-ka-weynaha ah wacal ku sheegta. Maxaadba u dhalatay baa eed looga dhigaa. Samaato, hooyadeed kuma garaadsan. Kolkii ay ummushay, saacado kaddib baa la aasay. Kaba sii darnayde, curad bay hooyadeed u ahayd.

Noloshu in ay macaan tahay Qaranbila baa qaar u bidhaamisay. Gabdhuhu isku fac bay ahaayeen. Ugu yaraan, labo jeer baa guur ka xumaaday Samaato. Waxa ay aad u nebcayd gardarrada. Muddadii ay Qaranbila saaxiibka la ahayd, maadaama ay garoob ahayd cidna ma danayn jirin halka ay qabato.

Haddana, kolkii Qaranbila xaafadda soo degtay bay Samaato isbarteen. Qaranbila baa ku waanisay in ay iskuul ku laabato waxayna shahaado ku qaadatay Kaaliso Caafimaad. Marar bay iyada iyo Qaranbila wax akhris ku dhafri jireen guriga Qaranbila reerkooda. Sidaas darteed, Samaato abaal weyn bay u haysay Qaranbila. Dad baaba u haystay in Qaranbila iyo Samaato ay walaalo ahaayeen.

Qaranbila iyo reerkoodu markaas maba joogin Xamar. Habeenkii hore oo aroortiisii dambe, oo Samaato la eeganayey—iyada oo loo haystay in

Qaranbila iyo reerkoodu isqarinayeen, waa ay sii maqnaayeen.

Qushigeede, kolonyadii la hooshay waxa ay dhaawacii iyo meydkii u qaateen Jowhar, si loo xabaalo aroorta. Meydkii Samaato oo qof toloobeyaashii ka mid ah oo arkayey meeshii loo jiidanayey baa markii mooryaantii ka tagtay tilmaamay. Waa la soo helay, hase yeeshee waa la waayey cid sheegata.

Jirkeedu xagatin ma lahayn. Waa tii intii la rafaadinayey la cabburiyey oo neefta laga xiray sidaasna ay ku dhimatay. Xabaasheedii waa loo kaadshay.

Sheegte, isna markii uu Xamar ku laabtay waxaa ku cuslaatay halkii walaashi qabatay. Maalintii hore, waa la hubsaday in ay kolonyadaas raacday—isla markaasna gabar tilmaanteedii leh waa tii darawalku sheegay in ay Beledweyne ula rakaabsatay horraantii.

Ayaamahaas waxaa hadaaqa Samaato ku jirey hadalhayn ahayd in ay habaryarteed iyo Beledweyne soo eegayso. Sheegte iyo in kale oo shirqoolka ku wehelisay, raadgadasho in ay sidaas u samaynaysay Qaranbila—oo aadidda Beledweyne ay marmarsiinyo ahayd waa la socdeen.

Sheegte iyo dhowr mooryaantii uu Qabqablaha u haa ka mid ahaa waxa ay barqo dheer ku laabteen kobtii ay dhibaatada ku geysteen dabadeedna Jowhar bay kolonyadu uga dabo tageen, bal in cid kale oo dhuumatay amaba la qarshey soo baxday. In kasta oo kooxda dhibka geysatay uu isagu watay, toloobeyaasha qofna ma arkin wejigiisa.

Kooxdii uu watey iyo Sheegte waxa ay Jowhar tageen iyada oo meydadkii intii u dambeysay la xabaalayey, balse meyd gabar ahaa loo kaadshay. Samaato oo aan meydkeedii qayirmin buu indhoha ku dhuftay. Isagu in uu qariyo in gabadhu walaashiis ahayd buu jeclaa, balse mid mooryaantii ka mid ahaa baa gartay lana soo booday "Allaa waa Samaato."

Samaato waxa ay ku dhimatay sabab ay wanaag ku samaynaysay, balse waxa ay eersatay dad xun, goor xun iyo meel xun oo markaas in Biri-Ma-Geydo aan waxba galabsan la doonayey in lagu dhibaateeyo.

Sheegte waxa uu qoday god gardarro. Isma lahayn adiga bay durba kugu soo laabanaysaa. Haddana, warkii waxa uu burba ku wareegeystay toloobeyaashii. May aysan jeclaysan. In caro aarsi wadata lagu la dhaco bay ka baqayeen. Xumaan iyo samaanba, wax qarinta Soomaalidu waxa ay tiraahda: War haddii hal qof og yahay jinni baa weriya—taas oo loola jeedo in qofka qudhiisu hayn waayo warka dabadeedna uu isagu jinniga noqdo oo sheego. Haddii labo og tahayna midkood baa sheega.

Haddaba, mooryaantii uu Sheegte watey dhexdooda bay ka baxday in isagu qudhiisu uu ciidanka watey. Waxaa halkaas ka soo baxday in mooryaantii uu toloobeyaasha ku fasaxay qaar ka mid ah walaashiis inta kufsadeen haddana dileen.

Buuq badan baa ka aloosmay xigaaladii Sheegte iyo walaashi ka mid ahaayeen. Mooryaantii waxa ay bilaabeen in ay faroha isku fiiqaan. Haddana, dhowrba meel bay ka dustay.

Walaashiis ciidan isagu watey baa kufsaday haddana diley. Qaranbila oo dad badan ku raacsanaayeen in uu khasab ku arooso, iyada iyo reerkoodii cir iyo dhul meel ay qabteen lama hayn. Ayaandarro durba diiwaanka u gashay bay noqotay. Barokicintii lala beegsanayey farodheerta qaarkeed karaar bay sii qaadatay.

__6__

Hase yeeshee, Sheegte ma quusan. Mooryaan kale buu abaabul isugu keenay. Carodii uu Qaranbila u qabey iyo geeridii walaashi waa ku sii bateen waxa uuna caro hor leh u qaaday toloobeyaashii aan qaarkood maqal ka badan ka ahayn deeggaannadii ay u qaxayeen.

Dilkii Samaato waxa uu dhanna u dhaafi waayey mooryaantii Sheegte. In kasta oo kuwo farta loogu fiiqay, mar hore bay kooxdiisa ka tageen. Xataa haddii la helo cidna wax kama qaadi karin. In dad gaar ah la hoosho isaga ayaa mooryaanta u guddoonshay. Isla markaas, dadkii Xamar ka baxayey qaar baa meelo soke u socdey oo aan ka mid ahayn qaxeyaashii meelaha durugsan u socday.

Mashaqo kale baa iyana jirtey. Mooryaantii ay ka mid ahaayeen kuwii walaashi diley mid walba beeshii uu sheegan jirey buu u tegey. Kooxo tiro beelay oo mooryaan ah baa samaysmay. In kasta oo qorshuhu ku socdey in dad gaar ah la dhaco, la kufsado lana laayo mararka qaarkood, haddana marar baa kooxaha mooryaantu dhexdooda isaga dhacayeen. Beelo reer Xamar ahaa ee dawlad un marti u ahaan jirey garabkoodii baa Eebbe ka kacay. Sidii loo dhici lahaa gabdhohoodana loo kufsan lahaa baa tartan loo galay. Waa sida ay ku baxday *Mukulaal madoow.*

Sheegte waxaa ka degi weyday walaashaa mooryaantaadii baa silic u dishey ciddii ay fakinaysayna waa maadatay. Qorshe kale buu degsaday. 115 ee Beledweyne in uu saldhig ka dhigto baa u muuqatay. Qabqable kale oo dhaqaale iyo ciidanba isaga ka awood roonaa baa gacan ku siiyey in uu sidaas yeelo. Mar kale buu jidkii walaashi ku dhimatay ku baxay. 115 buu ciidan yar isla sii taagay. Kolonyadii uu hor u soo rafaadshay oo dhowr beri lagu rafaadinayey jidka oo saacado sii maqan buu gaaray Beledweyne.

Kama harin ee raacdo buu ugu dhaqaaqay. Baaritaan kale buu mar kale kolonyadii geesaha kala maray, balse Qaranbila iyo reerkoodii ma saarnayn.

Toddobaad buu isbaarada 115 joogay. Mooryaan Beledweyne ka samaysantay baa ku amartay in uu isbaaradan ka guuro. Odayaashii reer Beledweyne baa taladaas ka dambeeyey kolkii uu damcay in uu talodaas iska adkeeyana cudud baa la tusay.

Dib buu Xamar ugu laabtay. Weli dad baa jidkaas ku qaxayey. Tan iyo Xamar buu hadba Biri-Ma-Geydo rafaad oo dhan isugu darayey. Waa ka sii gudbay Xamar. Afgooye buu isasii taagay. Mooryaan doonaysey in ay Siyaad Barre kursiga ku soo ceshaan buu dagaal la galay. Magaciisii waa baahay. Qabqable Mahare baa u baxday. In kasta oo ilaa Boosaaso loo soo xuuraamey bal in Qaranbila badbaadday iyo in kale, qorshe weyn baa loo soo bandhigay. Raacdadii Qaranbila waa laga weynaaday marnase maankiisa kama bixin.

In kasta oo uusan weli oggolaan in ay ahayd talo uu guuldarro un ka dhaxlay, madaxnimo baaba u sii urtay. Gaalkacyo oo kooxo hubaysan hadba dhan isu bursanayeen in uu ciidan la aado baa loo jeediyey. Farxad buu ku soo dhaweeyey. Isaga oo magaciisu ka mid noqday qabqableyaashii magacoodu soo baxayey buu Gaalkacyo ka dhacay.

Kooxo badan oo kala duwan ma jirin. Labo kooxood un baa ku hardamayey magaalada Gaalkacyo. Qoloba mar bay xasuuq geysanaysay. Muddo baa labo dhan hadba mar bililiqo faroha ka qabsanaysay.

Dhab ahaantiise guuldarro ayaa dhacday. Waxa ay gaartay shacabka. Waxaa magaaladaas nafo ku waayey dad labo kun kor u dhaafay. Dhan kasta, magaalooyinka Gaalkacyo u dhow xasuuqu waa ka dhacay. Kooxna kama baaqsan. Hanti badan baa iyana waxaa laga dhigay qaar la burburiyey iyo qaar la bililiqaystay.

Dhan kale, dareen ahaan, shacabka waxaa gaaray jab inta nool oo aaggaas ku sugan aysan halmaami doonin. Xigaalo badan baa kala irdhowday. Waxa dawlad loo yaqaan baa Soomaali badan ka dhuntay. Haddii ay jirtey kalsooni isbahaysiyada isku qabeen, dhaawac xun baa gaaray. 2018, 27 dabshid kaddib, Gaalkacyo weli waa qaybsan tahay. 27 dabshid kaddib, cidna ma qeexi karto waxii lagu dagaalay.

Sheegte waa reer Mudug. Deegaanka yaraan buu uga soo tegey. Dad badan oo ka soo jeeday buu yiqiin. Xigaalo buu xataa ku lahaa. Dhan kastaba ha ahaatee, xigaaladiisa in badan baa la socotey in uu ciidanka watey.

Hase yeeshee, waayihii uu Gaalkacyo dagaalka ka wadey sheeko xanuun badan baa ka qabsatay. In kasta oo ay xusuus ku reebtay, haddana, waano kuma qaadan. Waxa aan akhristaha mar kale u soo guurinaynnaa aragtidii Qaranbila aabboheed ka sheegay beelaysiga ama qabyaaladda. Gabadhiisa oo tixo Shirib laga tirinayey soo dhegeysatay baa u timid. Shiribkaas waxaa lagu tilmaamayey in ay beelo badan ka go'nayd in maammulka Siyaad Barre hilfaha loo qaado.

Haddana, in badan oo qabiil lagu kacshay baan aqoon qummanba u lahayn dawladnimo. Guud ahaan, dawladnimadu maba ahayn dhaqan bulshada la bari jirey. In badan baa u haysatay in reerba mar qabto. *"Ku kacshaye yaa ku soo celin"* baa gobol walba ka dillaacday. Qabqableyaal badan baa abuurmay— oo weliba qaarkood madal uga faaneen dad ay laayeen—amaba colaad ay huriyaan—halka iyana la sheego in Siyaad Barre yiri, *"Dad ka tegi mayo ee dal (dhul) baan ka tegayaa."*

Waxaa kale oo taas lagu daraa in uu yiri, *"Anigu dad waalan baan xero ku hayey ee idinka baa sii kala daayaye isu keena haddii aad kari kartaan."*

Hase ahaatee, dadka waalan in isagu ka mid ahaa—haddiiba uusan ugu horreyn baa indheergaradku u arkaa.

Si ay ahaataba, Qaranbila aabboheed sidii uu u tilmaamay beelaysiga waxa ay ahayd:

Aabbo ma jiro waxa la yiraahdo Daarood, Hawiye, Isaaq, Ciise, Digil-Mirifle iyo kuwo kale oo guud toona. Cidda rabta in ay caddaaladdarro samayso baa hadba awrka ku kacsata. Haddii aad sii noolaato, waa aad arki doontaa iyada oo mid walba hoos isu gumaadayso.

_7_

Qabqable Sheegte, intii uu aagga Gaalkacyo ka dagaallamayey, dhowr jeer baa dib loo baacsaday isna wax baacsaday.

Ugu dambayntii, ciidan hor leh baa Xamar looga soo diray. Abaabulkii u dambeeyey buu qaaday. Magaalada Gaalkacyo oo bilohaas goob dagaal ahayd, dad habqan ah oo hadba dhan u carar soo kartay baa ku harsanaa. Waxa ay ahaayeen hooyooyin carruur haystay oo gaadiid ay raacaan aan haysan. Waxaa kale oo ku jirey waayeel iska wahsaday oo aan rogaalcelis weyn sugayn—amaba islahaa la idin taaban mayo. Waxaa kale oo ku jirey ganacsato hanti ilaashanaysay—oo lexojeclo la tagtay.

Weerarkaas waxaa ka horreeyey mid masaajid dad laga la soo baxay oo qabqablihii Sheegte ka sarreeyey goostay in uu si wanaagsan uga dabaakhtamo. Cidna dan weyn kama lahayn bulshadii qoloba dhan u laynaysay ee qabqableyaal kursigii Siyaad Barre laga tuuray indhoha ku hayey kala geysanayeen baa is-eeganayey.

Si kastaba ha ahaatee, waa dabayaaqadii 1991. Waa magaalomadaxda gobolka Mudug—isla markaasna ah ta ugu weyn. Ciidan xoog leh buu watay Sheegte. Saldhig yar buu magaalada ka samaystay markii uu galay. Waxa uu amar ku baxshay nin in aan la deyn bilisna aan la taaban.

Kufsasho iyana aad buu uga digey. Amarkaas mooryaantu waa fulisay haddii wax dhaceenna aad bay u yaraayeen.

Dhacu, isagu waxa uu ahaa mubaax. Amar taliyaha laga haystay buu ahaa. Dhinacyadii Gaalkacyo ku dagaalayey, dhac iyo dil mid ka gaabsatay maba jirin.

Si ay ahaydba, hooyooyin carruuro watey baa iyaga oo aan far la saarin dareera la yiri. Kuwo aan badnayn oo xabbado niman loo wadey la tageen waa jireen. Tirada dadkii habeenkaas lagu xasuuqay Gaalkacyo la isku ma raacsana. Balse, 900-1000 baa looga badbadiyaa, guud ahaanna, dhan walba, Gaalkacyo iyo agagaarkeeda ugu yaraan 2000 baa macnodarro loogu diley.

Si ay noqotaba, goortii colkii Sheegte uu diley waxii uu helay waxii uu dhici kareyna dhacay—oo uu rogmad ahaa baa labo inan oo hubaysan guri taah ka maqashay. Waa galeen. Waa gabar markaas 21-23 jirsatay. Labo dhudhun baa u laalan. Laboda dhudhunba waa baf. Waa isdhaaf, gacan bidix iyo lug midig. Saacad iyo dheeraad bay sidaas ahayd. Wax degdeg nafta uga qaadi kara haddii ay hesho kama hammideen ee degdeg bay u fulin lahayd.

Labodii wiil ee hubaysnaa waa kor istaageen. Kaadi uu ka keenay kaarku bay dhexda uga jirtey. Haweeney waayeel ah baa iyana deyrka guriga gorofsanayd. Iyadu, kolkii ay dhaawacantay bay Joodari ku guurguuratay madaxa bayna la dhacaysaa.

Matag baa agteeda dhooban gacanta fayow bayna iska marisay.

Hadal nuxuus iyo calaacalba ah bay ku tiri, "Raalli baan ka ahay in aad khasnad iiga saartaan kolba noolaan mayee." Wiilashii waa isqabteen. Midkoodna ma jeclaysan in uu israaciyo.

Mid saddexaad baa ku soo biiray. Aad buu muuqaalka uga naxay. Dunida waa ka dhacdaa in qof xaaladdaas oo kale ku jira la israaciyo. Tabar lagu daaweeyo haddii aysan muuqan, in silica nolosha la dhaafiyo dad baa qaba. Qaarna iyaga oo aan sidaasba u eegin bay iska dilaan.

Dagaalkii 2aad ee dunida, Jenneraal Jarmal ah baa qabtay Jenneraal u dhashay dalka Holland. Ciidanka Jarmalku dhammaan waa haystay dalka Holland (Netherlands), welise kooxo baa dagaal kula jirey. Jenneraalkii Jarmalka ahaa baa yiri, "Maxaad noo basaasaysaa oo weli aad dagaalka noogu la jirtaa?" Kolkaas buu ugu jawaabay, "Haddii aad booskayga ku jiri lahayd maxaad samayn lahayd?" Jenneraalkii Holland u dhashay lama dilin. Dhawaan baa la isla helay labo wiil oo ay awoowe u yihiin labodii Jenneraal.

Kasho tashi lagu qaato meesha ma oole, saddexdii inan oo xalaaddii ka walaacsan baa mid afraad ku soo biiray. Waa u qaadan waxii indhohiisu qabteen.

Isaga oo naxsan buu yiri, "Allaa! Allaa! Waa Bareedo. La dili mayo. La dili mayo. Walaalayaal ila qaada."

Hadal nuxuus ah bay haddana ku tiri, "Keynaan Daryeel!" Madaxa bay hoos u rogtay indhohiina isku qabsatay. Tabar ay erayo kale ku tiraahdo bay iska doontay. Calaacal bay haddana ku tiri, "Abboowe, Keynaan Daryeel, khasnaddaas iiga saar kolba noolaan mayo ee silica noloshu ha iga hartee." Lama hadlin talodeediina ma yeeline joodarigii ay madaxa ku haysay baa dhowr tiir hoosta la geshay.

Balse halkaas kolkii xaajadu maraysay wax baa dhacay. Keynaan waxa uu dib u eegay gurigii ay gabadha ka soo saareen. Dareenkii inanku waa isbeddelay. Bareedo, meyd la sido iyadu waxba kama duwanayn. Inammada kale iyana ma garan sababtii Keynaan kolkii uu dib u eegay albaabkii guriga wejigiisu isu beddelay. Qaar baa u qaatay in gabadhu ay jacayl hore ahayd kolba uu ku hagoogtay. Xigaalo in ay ahaayeen iyana meesha kama marnayn. Gobolkaas, dadku waa wada xigaalo—labo reer oo kasta oo deegaan deris ka ah baa sidaa isugu xigaalaysan.

Waa adduun iyo xaalkiise, waqti dagaal baa lagu jirey. Badiyaaba, in badan baan xusuusan waxii ay sameeyeen bilowgii dagaalka amaba goor dhexe.

Si kastaba ha ahaatee, gabadhii oo Joodari labo tiir hoos looga hayo—oo lala ordayay baa

Sheegte arkay. Sheeko badan kama yeelan ee "Gaariga saara" buu yiri. In la qaado buu Keynaan ku raacay.

Bareedo waxaa la kabay saacadood kaddib. Intii aan loo helin hablo saxarada ka qaada, Keynaan baa dhabarka u dhigtay taakulayntaas. Afartan beri kaddib, iyada oo gacan u shakaalan tahay bay bilowday in ay marar lugta midig qoryo kula booddo. Tuulo baa lagu baananayaa. Tuuladu waa Boogodhaya. Ilaa labaatankoo qoys baa ku noolaa.

Ciidanka Sheegte bay Tuuladu bilo saldhig u ahayd. In kasta oo bulsho isku hayb sheegan jirtey ku noolayd, haddana dhibaatooyinka dagaalka sokeeye kama badbaadin.

Marar baa gabdho laga kufsaday. Gaariyaasha jidka mari jirey waxun baad ah baa laga qaadi jirey. Annaka baa idin difaacna baa loogu hanjabi jirey.

Kuwo yiraahda ayeydaa ayeydeed iyo ayeyday ayeydeed baa laxmi ahaa—iyo kuwa yiraahda jilibkayaga reerkiinna baa dhalay, Bareedo xigaalo un bay wax ka heshay. Kuwo xigaalo ahaayeen, iyana mar bay la kulantay.

Keynaan baa maalin kasta ama maalin dhaaf ugu imaan jirey. Labo bilood bay noqotay. Lugtii kale ee la kabay bay dhulka dhigtay. Haddana, bil kale kaddib, gacantii baa shakaashii laga furay. Afar bilood oo baanasho iyo taakulayn ah bay indhoha ka tuurtay.

Hase ahaatee, maalmaha qaarkood, Keynaan marka uu Bareedo u yimaado, sida qof aan xalay seexan baa indhuhu guduud ahaan jireen. Inta uu la joogo marar buu maan ahaan u maqnaan jirey. Haddii ay wax ka weyddiiso waxa uu uga bixi jirey "Noloshan mooryaanaynta waxii shanta ii geshay baan nebcahay." Marmarsiinyo ka wanaagsan oo wiil xumaan ku jirey oo haddana wanaagga u bayray sheegto malaha ma jirin.

Bal in wax ka jireen waa arki doonnaaye, kolba, Bareedo, qudheeda labo xusuusood oo aan isu dhaamin baa ku rafanayey. Dhowr jeer bay ku hammiday in ay wax qorto, haddana, maadaama cid ay kala sheekaysatay aysan jirin kuma dhiirran.

Bareedo waa naaxday. Jirkeedii bay saluugtay. Baruur badan bay isla yeelatay. Maalin bay Keynaan ku tiri, "Abboowe, baruurta badan ma jecli." Qosol buu jaanta dhigay, balse erayna ma oran. Inta eegtay bay tiri, "Qof kama badni. Waa run oo shalay nafta in la iga qaado baan jeclaa, halka maanta, hawo adduun darteed aan baruurtayda ka astakoonayaa."

Habeenkii colka Sheegte magaalada Gaalkacyo weerarka baahsan ku qaaday ayeydeed oo ay darteed u soo laabatay bay la joogtay. Duqda waa lagu kari waayey in ay Gaalkacyo ka baxdo. Bareedo oo gabadheedu dhashay baa ku soo laabatay isla markaasna diiddey in ay ka tago. Ugu dambayntii waa ku qancisay in ay magaalada ka baxaan.

Hase ahaatee, qof walba kolka saacaddiisu soo dhammaato talo baa lagu dhejiyaa—oo in uu ka fuqo diidaa. Hararabadii hore baa ayeeyo xabbadi la tagtay oo waa haweeneydii waayeelka ahayd ee markii iyada la helay agteeda meydka ku ahayd. Mid colkii Sheegte ka mid ahaa baa guriga rasaas isaga furay kolkii uu baroor iyo cabaad kale oo sugan ka maqli waayeyna aan gudaha eegin ee ka gudbay— inta rasaas kale un iska sii furay.

Waqooyi iyo koofur baa beelo loogu kala qaxay isusocod la sheegaana ma jirin. Bareedo iyo ayeydeed tacsidoodii waa la sameeyey. In kasta oo aan Bareedo meydkeedii la arkin, waa laga samray. Waxaa jirey Meydad lagu guray ceelal, kuwaas in ay ku jirtey baana loo maleeyey.

Dadkii uu xasuuqooda masuulka ka ahaa, Sheegte wax buu ka ogaaday. Dad badan oo ay xigaalo durugsan ahaayeen baa ku jirey. Bulshada gobollada dhexe degta aad bay isu guursataa—sidaas awgeedna waa xigaalo belo isku dirto haddana siyaalo badanna isugu xiran. Xumaan kasta oo dhexdooda ka dhacda cidda samaysa mar kasta waa la ogaadaa. Isla markaasna, isdilkuba ka mid ha ahaadee, xeerar badan oo deegaaneed baa u yaal.

Hase ahaatee, Xeerarkaas in badan oo ka mid ah waa lagu tuntay inta dagaalka sokeeye—oo weli socda, 2018 bulshada lagu dhibaateynayey. Keynaan waxa uu qorigii ku tuurtay sagxaddii gaariga uu ku siday dhaawaca Bareedo.

Dhaawaceeda marka uu la kulmayo, afar dabshid bay ismoogaayeen Bareedo. Dugsiga hoose-dhexe ee Bardacad ee Gaalkacyo bay wada dhigan jireen. Dugsiga dhexe kolkii ay ka baxeen buu Xamar u wareegay. Labodooduba imtixaanka fasalka 4aad ee dugsiga sare uma fariisan. Isagu, markaas, dhowr bilood buu hubaysan yahay kooxdanna ka mid yahay. Waxa uu ku dhashay Bukaan eegtada guud ee Gaalkacyo.

Bareedo waa sida magaceedu sheegayo. Waxa ay ku dhalatay magaalada Bareeda ee Raascasayr. Iyada oo labo jir ah baa reerkoodu Gaalkacyo soo degeen. Koritaankoodii hore, hal xaafad bay ka deggenaayeen magaalada, Keynaan iyo iyadu, Wadajir. Si wanaagsan baa xataa reerahoodu isu yaqaanneen.

Dad wada dhashay oo huuhaa isku dirtay ka soo qaad Soomaalida. Soomaalida dhan baan aqoon meel ay afka u saaraan waxa keenay Kadeedka Xamar iyo Kalaguurka dhammaadkii 1990 hal mar qarxay.

Kolkii uu dhibaatadaas ka geystay Gaalkacyo, haddana uu gebi ahaanba magaalada gacanta ku wada dhigi waayey, Sheegte waxaa lagu amray in uu Xamar oo awal laga soo diray ku soo laabto.

Balse, intii uusan laaban buu damcay in uu wax ku darsado abaalkii lagu badbaadshay Bareedo. Waxaa maankiisa ka sii qiiqayey sida dilkii walaashi u dhacay—isla markaasna uu wax ka ogaaday xaaladdii Qaranbila.

Dhowr qof oo kale oo iyaga oo dhaawac xubno ciidankiisa ka mid ahaa ku hagoogteen—maadaama in badan oo dhinacyada dagaalayey isgaranayeen—ugu yaraan maqal, baa la isu keenay. Goortii loo gudbin lahaa cidohoodii baa la garay. Qaarkood naafo haba noqdeen, balse dhammaantood waa caafimaad qabeen.

Hase ahaatee, qaar baa ogaa dhibaatada xigaaladoodii loo geystay. Badbaadinta qudhooda waxaa mid kasta u hayey ruux gaar ah, ama dhowr qof. Sheegte iyo ciidankiisa guud, abaal iyo wanaag kale cidna uma hayn.

Qaar baan xataa weli hubin in reerahoodii loo geyn doona. Dagaallo baa weli ka dhacayey Gaalkacyo iyo miyigeedaba. In aarsi lagu la caroodo baa suure ahayd.

Si ay ahaataba, dhowrkaas qof oo ugu yaraan labo ka mid ah axankoodii la cunay, kuwana waxun xog ah la qabey in ay nool yihiin, cidohoodii baa si nabad ah loogu qaaday.

Keynaan waxa uu goostay in uu ka mid noqdo dadkii sii dhaweynayey la-badbaadiyeyaasha. Meeshii lagu wareejin lahaa kolkii la marayo baa haween la diray, si qoloda kale loogu war geliyo in aysan dagaal qalabka u guran kolka ay arkaan dadka dhankaas ka soo muuqda.

La-wareejiyeyaasha farxad baa markaas ku jirtey in iyaga oo nool ay cidohoodii arkaan bay ku riyaaqsanaayeen. Qaarkood ma aqoon wax reerahoodii ku dambeeyeen. Kolba, Bareedo waxa ay si wanaagsan u xusuusataa sidii iyada iyo ayeydeed rasaasta loogu furay—oo iyadu maanta nooshahay— halka ayeeyo ay markiiba ka raacday.

Keynaan hadba ilmo buu iska tirayey. Wax cusub ma aha oo dhowr jeer bay Bareedo soo aragtay isaga oo jir ahaan ula jooga miyir ahaanna maqan. Kolba, xalaaddii ay ku kulmeen iyada iyo Keynaan waa mid ay wax badan ka sheekayn doonto.

Gaari dhowr nin iyo haweenkii la diray saaran yihiin baa u yimid. Dadkii baa la kala wareegsaday waana la kala jeestay. Keynaan iyo Bareedo gacmaha bay isasaareen. Laboduba waa ooyayeen.

Midba waxa uu la jeestay xog u gaar ahayd. Bareedo waxa ay la laabatay qaabkii xabbadaha loogu furay oo ilmiriqsiyo ku sinnayd. Albaabka hore baa inta xoog gudaha la isugu dhigay haddana la furay rasaas aan loo meel deyin. Ayeeyo oo eegaysay in albaabka xiran yahay baa la kulantay albaabkii oo la soo jebshay iyo rasaas la iska soo hor marshay. Iyadu dhulka lama dhicin rasaastiina waxaa loo sii furay dhowr dhinac oo gudihii guriga ah waana laga laabtay.

Keynaan markii uu Bareedo oo dhaawac oo saddex inan oo kale kor taagan yihiin u yimid uuna gartay, xamaasad baa qaadday. Gabadha in aan la dilin baa hammigiisu isugu tegey. Balse, markii ay dhaawaca siteen oo deyrka guriga ka baxayeen dibna uu u eegay albaabkii hore ee guriga baa xusuus ku soo dhacday. Horraantii, inammo albaabka hore ee guriga gudaha isu dhigay buu la socday. Isagu waxa uu ahaa wiilkii kaalintaas lahaa. "Gudaha baan isu dhigaynnaa adna rasaasta fur" baa go'aanku ahaa.

Haddaba, xusuustaas buu Keynaan la xanuunsanaa. Bareedo ayeydeed isaga baa diley isla markaasna dhaawacay Bareedo. Garwaaqsigaas oo ku xasilay buu qorigii la tuuray kolkii uu Bareedo oo dhaawac ah gaariga saaray.

Haddana, si fiican buu suuregalka ugu badiyey in isagu uu Bareedo laboda isdhaafka ah xabbadaha uga jebshay. Xusuustaas oo uusan cidna u sheegin bay Bareedo, oo isagu ku hagoogtay gacalkii ugu dhawaana ahaa muddodii la daaweynayey, bay kala tageen.

Bareedo reerkoodii baa loogu geeyey tuulo Gaalkacyo 70-100 KM Gaalkacyo u jirtaa. Tuuladu waa Dhallaankoris. Waxa ay ku aragtay wiilal dhallinyaro ah oo qoryo garbaha ugu jiraan. Kuwii ayeydeed diley iyadana kabay, afarta bilood hayey haddana keenay bay la mid ahaayeen. Waxa ay jeclaayeen in rabsho dhacdo oo loo baahdo.

Waxbarasho ma jirin, shaqo ma jirin aayo dhowna uma muuqan. Dhallin dalkoodii iyaga lagu burburiyey bay ahaayeen. Kuwa iyaga adeegsanayey oo danta gaarka ah ku gaarayey lama xisaabtami karin. Bulsho halaag dabaalanaysay bay aragtay Bareedo. Dhallinta qaar baaba isla hadlayey.

Dhibaatooyin ay geysteen iyo kuwo loo geystay baa ku miranayey.

Bareedo waxa ay bilowday qarow iyo sas. Muddo bay sidaas ku jirtey. Lugtii xabbaddu uga dhacday lana kabay bay xoogaa ka heetin jirtey. Dadkii Boogodhaya baa hadba xusuusteeda soo gelayey. Kuwo aysan abaalkooda gudi karin baa ku jirey. Haddii ay sii noolaato qaar in ay ka arki doonto tuhun uga ma jirin. "Goorma?" baa un bay joogtay.

Marar waxaa ku miran jirey walaacii iyo maahsanaantii ka muuqan jirey Keynaan. Waa tuhunsanayd xusuus dhibeysay in uu la wadaagana uusan damcin in uu la urugeysnaa. Balse, marna ma saaweyn in uu yahay kii ayeydeed diley iyadana isdhaafka ka jebshay.

Bareedo waalidkeed ma aqoon sidii ay gabadhooda caadi ugu soo celin lahaayeen, balse dhego bay u hayeen in ay maqlaan habkii ay ku soo kaban lahayd.

Maalin maalmaha ka mid ah bay aragtay haweeney sidatay yac (sagaaro dheddig). Lug bay ka jabnayd. Waxa ay iska jeclaysatay in ay daryeesho. Haweeneydii baa aabboheed xoogaa lacag ah uga siiyey. Nin kabniinka maawi ku ahaa bay u geysay oo kabay. Illayn waaba rimmanayde labo bilood kaddib waa kabantay waana dhashay. Waxa uu ahaa atoor (Sagaaro lab ah). Waxa ay ka ilaalin jirtey bisadaha iyo Gallayr meelaha tuulada ariga loogu qalo aan ka foogaan jirin.

In kasta oo atoorku hal dabshid ku hanaqaado, oo in uu la orgoodo dheddigga ku bilaabo, barwaaqo lagu daryeelayey awgeed, 10 bilood baa ka soo wareegay kolkii uu hooyadi rimiyey. Yac baa reer sagaaro ku soo biirtay. Qoys saddex ah bay noqdeen ilaalintoodiina waa cuslaatay. 18 bilood baa ka soo wareegtay maalintii yacda jaban oo haddana rimman haweeneyda laga iibshay.

Walow labada yaryar daryeel dad hoosti ku dhasheen kuna barbaareen, waxaa la gaaray markii xornimadooda dib loo siin lahaa. Duurka in lagu cesho bay noqotay. Intii gacanta lagu hayey oo magaalada lagu xannaanaynayey, dhaqan fiican baa lagu ababiyey. Qof aan reerka ka tirsanayd kolka uu guriga soo galo xigtada bay hoosta ka geli jireen. Dhaqan ay raxantu qabatintay, si hadhow aysan qofba u aamminin buu ahaa.

Muddadii ay haysay bay baratay in sagaaradu leedahay dhaqan ay seere ama aag ay shaxeexato yeelato. Kayn ama toon aan sagaaro kale raadkeed iyo digadeed midna lagu arkin baa la geeyey. Dad badan oo Dhallaankoris ku noolaa baa Bareedo iyo aabboheed raacay maalintii raxanta duurka lagu celinayey. Erayada soo socda waa lagu sagootiyey.

Raxantan sagaaroy
Dad sokeeye maaha
Talo idin ma seegtee
Weligiin saluuga
Sannifa oo haddana saluuga

Saluuga oo seere go'an yeesha
Saamihiinna dhowra
iska fiirsha surummada
Kaynta saabsan jooga
Saciida ahaada
Salaama ku waara.

Bareedo xasilloonideedii wax baa iska beddelay. Intii aan duurka la geyn, marar baa sagaarada midba mar dhinac ka seexan jirey.

Gabadhii waxa ay u gudubtay in ay taakulayso dadka dhimmirka dhimman, naafada, waayeelka iyo inta uga baahata oo ay kari kartay. Taakulayntu waxa ay noqotay dhaqan lagu tixgeliyo. Xasillooni baa u sii korortay, balse marna maankeeda kama bixin sidii ayeydeed u dhacday kolkii xabbadaha lagu asqaysiiyey.

Qaybta 3aad

_8_

Quus iyo Qardojeex

Habeenka la rafaadinayo kolonyadii Samaato la socotey, Qaranbila iyo waalidkeed, oo tobaneeyo qof oo kale ay halista la qaateen waxa ay jareen 240 Km—oo ah geeddiga u dhexeeya Xamar iyo Baydhabo, iyo dheeraad—oo wareeg iyo dhuumasho ku yimid. Waxa ay mareen Afgooye.

30 Km oo u dhexeysa Xamar iyo Afgooye, leexashooyin iyo hakashooyin badan awgood, waxa ay ku qaadatay labo saacadood. Maadaama qabiil la cabsanaa, meelaha qaarkood goorta la ogaado in aysan hubaysnayn baa gudba la lahaa. Meelana in ay ka dhuuntaan ama cabbaar lagu haysto bay ahayd. Ilaa tobonkii fiidnimo Soomaaliduna afar saac habaeennimo ka tiraahdo bay ku sugnaayeen aagga Afgooye.

Markaas, Baydhabo, haddii toos loogu bixi lahaa jidgooyo la'aanna lagu socon lahaa waxa ay u jirtey 220 Km. In kasta oo Eebbe aad ugu gargaaray, isla markaasna aan arki doonno sidii ay jidka ku mareen, barqo dheer bay tageen Baydhabo.

Ciidan Digil-Mirifle ah oo ka goostay ciidan aaggaas joogey bay hore u sii raaceen. Dhaawac bay hortii u daaweysay dabadeedna taliye weli Soomaalinimada wax badan uga harsanaayeen baa gaarigoodii kolonyada dhexda ka geshay. Ciidankii ay ka goosteen oo weli abdo ka qabey in ay Siyaad Barre awood ugu ceshaan Xamar bay xoogaa isxabbadeeyeen. Iyaga oo kala rogmaday bay lugta la heleen.

Gobolladaas Bay iyo Bakool waxa ay markaas gacanta ugu jireen jabhado, haddana meelo aysan joogin oo dhuumaalaysi lagu marayey baa jirey. Ciidan hubaysan oo aan jabhadaha ka tirsanayn ma mari karin aaggaas Bay iyo Bakool intiisa badan— ama jidadka waaweyn. Marka, ciidankaas dhanka Baydhabo u goostay oo xaaladda sidaas ula socday labbiskii ciidanka waa iska dhigeen, si aysan jabhadaha isugu dhicin. Dhowr gaari oo aan wax qalab askareed ah wadan bay la goosteen. Maadaama askarta goosatay ay isgaranayeen taliyahoodii baa la socdey. Qaar baa xataa ku haray Buurhakaba. Hal gaari bay la hareen. Dhammaantood ma wada ahayn reer Buurhakaba. Dhowr baa reer Waajid ahaa, balse xigaalo bay ku lahaayeen deegaanka, si ay ugu nastaan dabadeedna xaaladda u indheeyaan

Maadaama askarta goostay iyaguba ka caroodeen ciidan weli magac qaran sheeganayey, balse isbahaysi qaawan ahaa, qudhoodu toloobeyaal bay ahaayeen markaas. Deegaankooda un baa ka dhawaa kooxda dhakhtaradda.

Qaran baa qabiillo u kala qaloonayaye, kolonyadii waxa ay noqotay saddex gaari oo shibil ah. Qorshe awal u dhisnaa buu ahaaye, magaalada dhuumaalaysi bay ku galeen dabadeedna cidna isma dhugan ee midba meel buu ka baxay.

Kolkii ay Baydhabo ku kala harayeen baa taliyihii kooxdii toloobeysay gaar ula hadlay. Waxa uu ku yiri, "Baydhabo waa magaalo weyn oo aan bulshadeedu iswada aqoon, haddana markaan jabhad baa ku gaaddeynaysa. Ha ku daahina." Haddana, waxa uu tartiib u eegay Qaranbila aabboheed. Waa aammusnaa hadalna ma ahayn. Inta ku dhawaaday buu yiri, "Goortii aan dhallinyaronimadaadii quudannay in aan ku daryeeli weyno waa dadnimo xumo. Adeer, Eebbe meel san ha ku geeyo."

Dad meel uu joogaba waxa uu guuldarro kala kulmaa maaraynta geerida. In badan baa aamminsan in ay geerida kaddib barwaaqo helayaan, sidaas awgeedna inta ay nool yihiin wanaag badan sameeya. Aamminaaad kasta qofku ha lahaadee, aakhiro u dhigo ama ifka ku sameeye, balse wanaag in la sameeyo waa dhaqan waajib ah.

Haddana, waxaa yaab ah in dad ay carruur dugsi dhiganaysa ama xaflad dhakhaatiir qalin jebisay lagu maammuusayo qarax la beegsadaan. Isla markaasna aysan ka gaabsanayn in ay yiraahdaan Eebbe baan xasuuqa ku raalli gelinaynnaa.

Nin la yiraahdo Rudy Giuliani (Ruudhi Juuliyaani) oo ahaan jirey Duqa magaalada New York 1991-2004, waxa uu dabo gal ba'an ku sameeyey kooxo ku caan baxay suuqa madow ee daroogada iyo arrimo kale—haddana qudhoodu iskhaarajin jireen.

In kasta oo ugu dambayntii ay ugu dhaarteen in ay xaaska iyo carruurta ka dilayaan haddii uusan dabogalka iyo xirxirka kala harin, waxa uu mar qabtay xayeysiis lagu baahin jirey Joornaal weyn. Waxaa ku oolli jirey qiimaha lagu khaarajiyo dadka cid kale rabto in loo dilo.

Ma filaysaa haddaba in kuwa kas wax u dila, oo ay shaqo u tahay ay aamminsan yihiin in aakhiro la cadaabayo! *"Boowe bal adba"* aan uga harno. Ogow haddaba Xamar heerkaas khaarajinta ah bay mar heer ka gaartaye—sida nin inta salaad lala xirtay haddana lagu tuujiyey.

Aan hore u soconno jid dheer baa ina sugayee, taliyihii oo isba toloobe ahaa walow uu nabad ku tegey deegaankiisii baa tobon iyo dhowrkii qof oo Tayeeglow u rakaabsanaa mid-mid indhoha ula raacay. Haddana gaarigii ay wateen buu fiirshay. Shiraac ama darbaal dusha ka saarnaa waa laga tuuray. Labo waduhu ku jiro baa shukaanta loogu talo galay, saddex bayse ku saarnaayeen. Sagxadda kore dhowr Joodari baa lagu fidiyey, si uu u qaado tobon iyo labo kale. Kumaba xumayn intaas.

Haddana, boorsooyin badan baa kor ku sii xirnaa. Waxa uu ahaa gaari booliska Soomaaliya lahaa oo malaha bilo ka hor la dhacay. Taliyihii hore, markaas waxba ma weyddiin wadihii gaariga—oo isagu gaariga dadka ka rakaabsaday ilaa Tayeeglow. Afka Mayda buu si wanaagsan u yiqiin. Isaga baa taliyaha oo aaggaas ka soo jeeday uga fiicnaa.

In kasta oo taliyihii hore uu qudhiisu toloobe ahaa Eebbese deegaankiisii nabad ku keenay sida aan hor u soo tibaaxnay, maadaama uu isba Bay iyo Bakool ammaan u soo doontay, haddana xil qofnimo awgeed buu u hadlay. Gaarilihii buu kala dardaarmay in uusan toloobeyaasha si xun ula dhaqmin.

Indhohiisa baa haddana wax kale soo jiiteen. Wiil baa intii taliyuhu la hadlayey hadba Qaranbila aabboheed weyddiinayey bal in uu wax u baahan yahay. Taliyihii baa kolkaas Qaranbila ku yiri, "Qaranbila, malaha wiilku waa birriqdii u dambeysay ee reerka!" Waxa ay u yeertay inankii odayga taakulaynayey. Il gacaltooyo ka muuqatay bay inta ku eegtay garabkana gacan ka saartay tiri, "Maya. Waalidkiis waa kuwan. Haddana, aniga intii aan wada soconnay Samaato kale buu ii noqday." In kasta oo badankood ay gadaal ka ogaadeen Samaato, markaas, qof garanayey gabadha ay magaceeda ka dhawaajisay—amaba xataa arkay—oo aan Qaranbila iyo waalidkeed ahayn, inanka baa kooxda uga jirey.

Maalmihii bulshada Soomaaliyeed qaar Xamar gudaheeda lagu ugaarsanayey jidadkii ay ku baqan lahaayeenna burcad hubaysan hadba dhan u diiqalyeynaysay buu Samaato iyo Qaranbila bartay. Toloobeyaashan tobon iyo dhowrka ahaa, waxaa isla helay Samaato, Qaranbila iyo inanka. Intii ay Baydhabo joogeen dhuumaalaysi bay ku joogeen, oo labo-labo iyo saddex-saddex bay u soconayeen korna iska ilbaadsanayeen. Gaariga meel baa lagu xereeyey tan inta ay habeen ka noqonayso.

In kasta oo la yiraahdo *"Hoodadu maanka diyaarsan bay gacan siisaa,"* haddana Eebbe baa hoodada qofba in siiya. Farmashiye taliyihii Baydhabo u toloobay u tilmaamay bay tageen.

Waxaa la isku daray lacag lagu gato daawooyin kale ee jirrooyinka degdegga ku dhasha, sida shubanka, madaxwareerka iyo kaarjebiska guud, qaniinyada halaqyada, dhiigjoojin, aalkohoolka jeermiska lagu dilo, faashado iyo waxii la hal maala.

Qof Qaranbila codkeeda maqlay haddana maleeyey baa qayb dambe ee Farmashiyaha ka soo baxay. Durba, dhakhtaradda bay isku boodeen. Waxa uu ahaa dhakhtar ay jaamacadda ka wada baxeen, balse labodoo dabshid iyada ka sii horreeyey. Wax qumman oo laga wada sheekaystay ma jirin. Waxa ay baqo u ahayd Boosaaso iyo xeebta gacanka Berbera isna Baydhabo kuma haysan ballanqaad uusan magaaladiisa ka qaxi doonin.

Dhakhtarkii oo ilmo ku soo joogsatay baa daawadii laga iibshay kooxda tartiib u wada eegay. Mid buu ugu beddelay mid ka wanaagsan. Dhiigkarka baa loo adeegsan jirey.

Lacagtii oo dhan buu haddana u ceshay kooxdii Qaranbila. Haddana, warqad gacan ah buu ugu qoray nin reer Tayeeglow ah oo daawada jumlada ah farmashiyahiisa u soo doonan jirey.

Markii uu intaas oo wanaag ah isku daray buu haddana yiri:

Waa ka xumahay waxa ka dhacaya dalkeenna hooyo. Dhowr beri in aad ila joogtaan baan jeclaan lahaa, balse jidku in uu sii xumaado baan ka yaabayaa. Jidadka, jabhadaha ka sokow, dhallinyaro reer miyi ah oo dabolaab garbaha u suran yihiin baa meelo gaariyaasha ku ilaaqa. Dharaarta bay u daran yihiin. Badankood, galabtii waxa ay u dheelmadaan reeraha.

Haddana, jabhadaha waxaa ciidankoodu u badan dhallinyaro miyiga la soo uruurshay. Maadaama aydnaan dad ciidan noqon kara u muuqan, kuwa aad u malaysaa in ay idin dhibayaan waa hunguri doon ee la socda. Buuqa hadda socda ku dhex dhuunta. Tayeeglow habeennimo gala.

Intii aysan dhaqaaqin buu haddana xaafiiskii Farmashiyaha dib ugu laabtay. In yar kaddib buu soo laabtay. Qaranbila hooyadeed buu gacanta wax ugu laabay dhegtana wax buu uga yiri haddana mac siiyey. Dhakhtaraddii oo malaysay in uu waxun sahay lacageed ah hooyo u dhiibay baa hadal u hogbatay. Murugsatadiisii midig buu bishimaha Qaranbila saaray kuna yiri, "Xaalad tan ka wanaagsan Eebbe mar kale ha nagu kulmiyo."

Gaarigii Booliskii Soomaaliyeed ee kala dareeray laga dhacay—oo ninka shacabka ahi hanti uu leeyahay ahaan u rakaabsanayey shaagaggii buu rogay. Waa himhimmow dhaqaaq mooyee aan qof iyo geed si wanaagsan loo kala hubsan karin. Magaaladu waa buuqaysaa. Xabbado teel-teel ahaa baa hadba meel ka yeerayay. Cid walba buulkeedii bay ku ururaysay. In badan isdhugan mayn. Waa ku dhex dhuunteen oo jidka Xuddur u baxa ku duseen. Waxaa sugaysay 184 KM oo aan laami ahayn, balse caadi loo mari jirey.

_9_

In kasta oo marar dhallin hubaysan oo jabhadaha ay u maleeyeen joojiyeen, waxun lacag ahna ay u dhiibeen, maalinta Sheegte uu ku laabanayo Jowhar iyo kolonyadii uu habeenkii hore hooshay, kooxdii Qaranbila waxa ay joogeen Tayeeglow oo Beledweyne galbeedka ka xigta.

Hase yeeshee, Qaranbila aabboheed baa dhiiggii ku sii karay hoosna waa loo celin kari waayey. Waa la iska kor dhoobtay. Hadal nuxuus ah buu ku yiri, "Godkaygu halkan buu ka qodan yahay ee ha isdaalinina." Waayeel qudhu dhibeyso tabartaa iyo iska sug sida xaal noqdo ma ahine hadal kale kuuma furna. Mase ahayn erayo ay jeclaan lahayd Qaranbila.

Labo toddobaad bay odaygii halkaas ku hayeen. Waddo liidata oo Beledweyne galbeed ka gasha bay daawo u dirsatay. Waxun baa loo soo helay, balse caafimaadkii odaygu wax qumman waa iska beddeli waayey.

Waxaa jirta murti bulshada Soomaaliyeed badankeed wada taqaan. Soomaalidu barashada qofka saddex xaaladood bay ku xirtaa. Waxaa la yiraahdaa, si aad qofka u baratid, waa in aad jid la martaa, ama aad jabad la xaarataa ama la seexataa— ama aad jidiin la cuntaa. Aan yare eegno sida loola jeedo.

Haddii la sodcaalo, waxaa yimaada daal, gaajo, harraad, baqdin iyo qandho intaba. Adkaysiga guud, calool adaygga, turniinshaha, kalsoonida, haloosinta jidka lagu maro, dhiirrigelinta, hanka la isu dhiso iyo kaftankuba halkaas bay ka soo baxaan.

Haddii meel lagu nasto amaba la dego, waxaa lagu bartaa sida gogol yar loo wadaago, dhaxanta la isaga dugsado, hugga loo qaybsado, roobka looga jirsado haddii uu haleelaysto, dirirta loo maareeyo haddii ay kugu timaaddo, berri looga hammiyo iyo arrimo kale.

Wadaagga jidiinka waxaa lagu bartaa hunguriga sida looga xishoodo, qadduucnimada lagu arko, sad yar loo wadaago, kan taagta daran buro loogu daayo, wax loo kala tashiisho iyo arrimo kale.

Dad kasta oo dani meel isugu keento waxaa ka soo dhex baxa xilkas, kaaliye xilkas iyo koox in loo arrimiyo iska rabta. Tayeeglow waxa ay bannaanka soo dhigatay Soomaalinimo iyo dadnimo. Soodhaweyn iyo tixgelinba waa fidisay. Xog kasta oo Toloobeyaashu ay deegaannadoodii ku gaari kareen baa la soo uruuriyey. Muddadii ay joogeen, miyiga baa dad xoolo uga keeneen. Waa deeqsinimada Soomaalidu caanka ku tahay ee belo baa isku dirtay.

Tayeeglow, iyana waxa ay heshay dhakhtar. Deegaannadii dhawaa baa looga wada yimid. Dad u dhiman lahaa jirrooyin fudud bay badbaadisay. Muddadii yarayd bay hanuunin badan samaysay. Waxa ay halhays ahaan ugu sii adkaysay: *Inta qashinku kuu jiro baa jirradu kuu jirtaa.*

Qaranbila 30 dabshid bay maalmahaas ka rogmatay. Waxa ay goosatay in aysan geeddi kale gelin ilaa ay dhan u dhacayso xaaladda aabbo. Dadkii ay isla soo qaxeen Qaranbila waxaa ku haray afar qof oo kale. Waxa ay haayeen wiil iyo gabar laboduba labaatanka kistoo ka ruqaansadeen, iyo waalidkood oo kontonka u sii luudayey.

Qoyskaas afarta ka koobnaa waxa ay goosteen in aysan ka tegin dhakhtaradda ciidanka keli ah u ahayd waalidkeed oo mid xanuun la liitay ka kalena aad uga walaacsanaa xaaladda guud iyo sakaraadka odaygeeda.

Beledweyne oo ay deggeneyd Samaato habaryarteed baa haddana war looga keenay Qaranbila. Samaato in inta la kufsaday haddana la diley baa loo soo caddeeyey. Markii ay iyagu u soo baxeen dhanka Baydhabo bay haddana goosatay in ay sii ilduufiso kooxdii walaalkeed, Sheegte. Qaranbila waa la socotey in Samaato ku hamminaysay in ay habaryarteed iyo Beledweyne soo eegto. Weligeed uma sheegin dhakhtaradda in ay hadalhayntaas ku badbaadi islahayd saaxiibteed iyo reerkooda.

Si ay ahaataba, xog intaas ka badan baa loo keenay dhakhtaradda. Waxaa loogu soo daray in Samaato ay sababsatay mooryaan walaalkeed watey. Waxaa kolkaas dhakhtaraddu ka baroratay aadna uga carootay liintii afka loo geshay Samaato oo neefta ku xirtay. Samaato in ay neef qabtay waa la socotey. Waxa ay inkaar iyo nacalad hawada u marisay maankii keenay in liimo dhanaan dhan qofka afka looga kakabiyo. Qaranbila oo aad uga murugaysnayd in Samaato aysan mar dambe arki doonin baa xoogaa ka sheekaysay xusuusihii ugu dambeeyey. Sidan bay u dhigtay.

Markii ay hubsiinyo noqotay kufsashada iyo dilka Samaato, waxa aan soo xusuustay kaftan aan wadaagnay annaga oo qoslaynnay maalmihii ay Xamar naga soo direysay. Waxa aan ku giisaynnay erayada soo socda. Aniga baan iri:

Waa tan la qaxayee
Sow ma lihi qayb Xamar?
Dalka miyaa la qaybsaday?
Qiilkee loo cuskanayaa?

Samaato baa inta qososhay tiri:

Qabqablaa ka taliyaye
Qiil ha noo dambeeyee
Qudha aan la cararnee
Qaranbila qardojeexu waa dan.

Iyada oo kaftan ahaan u dhigeysay bay inta qosol yar ku dartay haddana tiri, "Waa inoo Beledweyne ama Tayeeglow hadba ta suurogalku yeelo." Aniga oo ka cabsaday in ay ka dhabayso aadidda Beledweyne baan iri, "Si fiican dhegaha iigu fur Samaato. Mooryaan qabiil ma taqaan, ee marna adiga oo keli ah jidkaas hadda ha marin."

Qaranbila ma wada sheegi karin kaftan badan oo dhex mari jirey iyada iyo Samaato e', xogtii Samaato iyo Beledweyne looga keenayay intaas kuma ekayn. Waxaa kale oo loo soo raaciyey in jidka laamiga ah ee Beledweyne iyo Gaalkacyo u dhexeeya xaaladdiisa nabadgelyo ahaan aad u xun tahay.

Bil bay Tayeeglow madaxa uga jareen odaygiina qudhii waa deysay. Si wanaagsan oo Soomaalinimo iyo dadnimo leh baa loola duugay.

Toddobaad bay haddana u sii joogeen in ay daaweyso dhowr qof oo bugto aad ula liitay.

Haddana, warkii Beledweyne looga keenay waxaa ka mid ahaa in Sheegte oo koox hubaysan watey laga cayrshay 115. Waxa ay ka hammiday halkii ay ka baxday waxbarashadii lagu beelay Sheegte. Erayga "Aqoon yahay" bay isha ka nebcaysatay.

Ugu dambayntii, afartan beri kaddib, reer Tayeeglow oo aan miyi iyo magaalo u kala harin goradda bay isla galeen. Gobonnimo bay ku mintideen. Jidka Beledweyne-Gaalkacyo in halis lagu qaato isku tillaab baa la saaray. Soomaalida Itoobiya in la dhex maro, gaadiid looma hayn. Dib in loo laabto oo ilaa Baardheere la gaaro—oo la raadsho kolonyo gasiin iyo garaadba ka mideysan—oo Itoobiya marta suure ma ahayn. Markii hore oo ay Jidka Tayeeglow doorteen bay suure ahayd.

Rogrog badan kaddib, hal talo baa faataxada loo maray. Waqooyiga Mudug meel ka mid ah in la geeyo baa hoosta laga xarriiqay.

Dhallinyaradii baa haddana gaar la isugu yeeray. Garaad iyo adkaysi, xigaalo sidii ay Soomaalida ugu kala lahaayeen, dal-aqoon iyo dad-aqoon, xishood iyo xisaab, magac iyo mudasho, tamar iyo tummaati, gargar iyo gaashaan, sumcad iyo sooyaal iyo arrimo kale oo badan baa loo gaatay.

Intii aan **hebel iyo hebel** la oran baa loo bandhigay. Intii loo baahnaa saddex laabkeed baa gacanta taagtay. Nooca gammaankii loo baahnaa baa haddana la tilmaamay. Tobon rati oo hayinnimo iyo xoog isku darsaday baa lagu yaboohay. Saddex keli ah baa loo baahnaa. Agabkii lagu gurayn lahaa baa la diyaarshay. Gasiinkii jidka lagu mari lahaa isna kumbad baa laga dhigay.

qoyskii afarta ka koobnaa iyo Qaranbila—iyo hooyadeed awrtaas baa loo raray. Maalintii ay bixitimayeen dad aad u badan baa isu soo baxay. Hooyo qardhaas keentay baa ku jirey dadkii Sahayda dheeraadka ah soo muquunshay. Hooyo kale baa xataa keentay siddeed kabood, saddex rag ah iyo hal haween ah. In kabaha qaar wiiqmaan bay talada ku dartay. Gabdho baa keenay suufka loo adeegsado caadada.

In kasta oo ay deegaan Soomaaliyeed ka baxayeen mid kale oo Soomaaliyeedna ay u socdeen, haddana walaac guud ahaan dalka ku habsaday baa jirey.

Deeqsinimada iyo istaakulaynta Soomaalida kolka la milicsado, haddana *"Ku kacshaye yaa ku soo celin"* wanaagga dalka haddii lagu wada kicin lahaa, hubaashii, Samaato haba la kufsadee liimo dhanaan dhan afka looga ma kakabsheen. Waxaa la diley iyada oo maadinaysay dad Soomaaliyeed.

Nooc kasta oo dhibaal ah nolosha bay la dhalataye, tixaha soo socda waxaa lagu laray kooxdii Qaranbila. Qaybtani waxa ay ahayd handhisid. Noloshu in ay wejiyo badan leedahay baa la xusuusinayaa. Dadku in aan badnayn buu awoodaa in uu nolosha ka maareeyo e', haddana intaas baa qofba dadaal la yimaadaa. "Hoodadu waxa ay gacan siisaa hadba qof diyaarsan," e', geeddi lagu qiyaasay in uusan labo toddobaad, ama ugu yaraan 650 Km noqonayo baa loo xirxirtay.

> Sirta noloshu waa saxal
> Kolna aan sarriigan
> Hadba sebed wareegta
> Marba qof u sidigta
> Saadambe u soocdaa
> Midkii shalay saboolnaa
> Ku tiraahda Saakuun
> Sidataal war lagu sii
> Sooyaalka yaa dhiga?

Intii ay Tayeeglow ku sugnaayeen, Qaranbila waxaa laga bartay in ay oran jirtey "Aqoon yahanow xaal qaado." Sidaas awgeed, "Sooyaalka yaa dhiga" baa warcelin kooban laga bixinayaa.

> Malaha sarkaal wacan
> Aqoontiisu sugan tahay
> Dadkay kala safaayaan
> Dusha sare ka eega
> Kalasoocid diida
> Sebi iyo saqiirkaba
> Sinnaan ugu adeega

Sidaas weeye aqoon yahan.

Erayada soo socda iyana waa sagootin, iyo in cafi iyo masaabaxna lagu kala tago. Hooyo baa leh:

Saaka waad baxaysaan
Waa sagootin erayadu
In yar bay ka sibiqdaye
Soomaali waa gob
Saamax baynu kala nahay.

Hanka baa loo sii dhisayaa waxaana saadaasha loo rajeynayaa wanaag nooc uu yahayba.

Saaweeyey arrimaha
Sansaan weeye ii baxay
Saadaashu waa guul
Saabaanku waa kumbad
Socodkiinnu waa sahal
Soortiinnu waa sixin
Samir Eebbe waa sed
Salaantiinnu waa nabad.

Inta soo socotana waa duco lagu aadkaynayo in aadane dadaal leeyahay, balse arrimaha go'aankooda ugu dambeeya Eebbe leeyahay.

Waa sagootin erayadu
Saamax baynu kala nahay

Saamaha Allaa wada
Surun toosan ii hela
Ha saluugin nolosha
Saamigaad ku leedahay
Marna seegi meysaan
Sursuur Rabbi idin hareer mari
Sutida Alle idiin qabey.
Samo dhammaantood
Saaddirow na solansii.

Qaranbila hooyadeed in ay socoto waa looga dhaartay. Rati gurgur oo si wanaagsan loo guureeyey baa gaar loogu aqoolay. Qofkii daal dareema in uusan xishoon baa lagu waaniyey. Labo gurgur oo kale baa guraysnayd.

Beledweyne baa duleedka galbeed laga marshay. Maalintii, celcelis ahaan, 35-40 Km bay socon jireen. Jarmaado, carraabo iyo harbaqool ma kala lahayn. Milicdu haddii ay kulushahay ilaa ay qabowdo baa la harsanayey. Degsiimooyinka lagu beegmo qaar baa diidayey in la dhaafo. Sonkor iyo caleen ay qaataan baa haddana loogu sii darayey.

Toloobeyaashu waa lix. Dheddigu waa afar, labo hooyo, gabar markaas 23 jirsatay iyo dhakhtaradda oo 30 ka rogmatay. Labku waa 2, wiilkii ay Qaranbila ka tiri "Waa ii Samaato kale," oo gabadha labo dabshid ka weynaa—iyo aabbohi oo 46 ka gaddoomay.

Afar nin oo 35 jir ugu weynaa oo gaar loogu soo xulay degelgeynta ama bixinta toloobeyaasha baa horwadeen u ahaa. Aagga la marayey aqoon badan bay u lahaayeen. Deegaanka kasta oo ay ku aaddanaayeen mid xigto ku leh baa ku jirey. Saddexda rati sida aan soo sheegnay hayin gaar loo soo xulay bay ahaayeen.

Sida aad aragtaan, afarta jaantus ee soo socda waa Soomaaliya, magaalada Galdogob-1991-meeyihii, magaalada Tayeeglow-1991-meeyihii. Midig hoose waa Tayeeglow iyo Galdogob haddii toos loo kala aado oo Beledweyne la maro, balse khadka yar ee madow waa inta yar ee Beledweyne duleedka laga maray. Qoraalka sawirka ka hooseeya eeg.

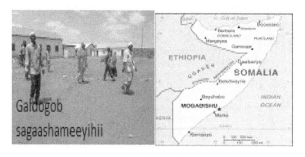

Jidka tooska ah ee Tayeeglow ka baxaya, oo Beledweyne maraya kuna furaya Galdogob waa 600 KM. Hase yeeshee, sida khadka madow tilmaamayo, dusha bay ka mareen Beledweyne. Geeddigaas waxaa lagu hilaadiyey 650 KM. Haddana, eeg sawirka hoose.

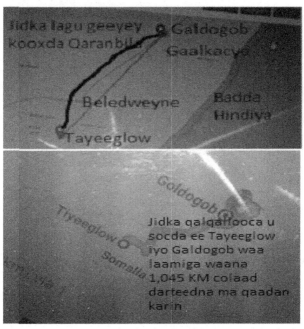

Jidka laamiga oo nabad ah haddii la qaadi lahaa waa 10,45 KM, qardojeexana waxaa keenay *Kadeedkii Xamar iyo Kalaguur.*

_10_

Eebbe belo iyo baas toona ma tusin. Duco iyo sooryeyn bay ku dhammaysteen. Maadaama ay

Beledweyne dusha Itoobiya xigta ka mareen—oo haddana Caabudwaaq duleedka ka mareen, labo toddobaad oo nasasho yaryar ku jireen kaddib, hilaaddii 600-700 km bay ka laaceen.

Jidka laamiga ah kolka la qaato, Tayeeglow iyo Goldogob waxa ay isu jiraan geeddi ka badan 1000 Km.

Gaashaanqaad ma habaabee, Qaranbila iyo inanku xusuusqorro bay samaynayeen. Hadba waa isla hubinayeen. Dhowr jeer bay uurka uga hammiday in filkiisa iyo garaadkiisu ay kala weynaayeen. Marar bay isweyddiisay in Eebbe walaal isaga la mid ah siin lahaa. Markii ay sidaas isula hadashaba, Samaato baa horteeda iyana imaanaysay.

Awal baan dusha ka soo marnay ujeedka *"Jid la mar--ama jabad la xaaro—ama jidiin la cun"* e', waxaa laga dhul bilaabay Dhudub. Waa tuulo Galdogob 35 Km galbeed ka xigta kana tirsan deegaanka Soomaalida ee Itoobiya. Neef rayrayn iyo farxad karkaarrada dhaafiyeen baa ka soo baxday dhammaantood, toloobe iyo taakuleeyaba. Durba, waxa ay u gudbeen Galdogob.

Kolkii la ogaaday rafaadkii ay soo mareen, Qaranbila iyo hooyadeed in ay gudbaan baa looga dhaartay ilaa la baanto. "Alle gun naga ma dhigo. Rabbi og in aydnaan gudbayn diifta oo aan idinka harin—oo haddana aannaan idin sooryeyn," baa waayeel rag iyo haweenba lahaa ku burureen.

Waxa ay magaalada kula kulmeen dad gadaashood Xamar ka soo qaxay—oo weliba sida Qaranbila qaarkood xigaalo ku soo waayeen gudaha caasumadda iyo jidadkaba. Dhakhtar ay isku mar kulliyadda Caafimaadka ka wada baxeen iyo duuliye isna waa kula kulmeen. Tobon beri oo kale baa la daahiyey.

Waxa ay toban beri bukaan eegtada la fariisanaysay dhakhtarkii Galdogob. Qof madaxwareer hayo baa u imaanayey, si ay waxun ay bukaan eegto yar uga agaagumto Boosaaso u hesho.

Nasasho toddobaad ah kaddib, reer Tayeeglow waxaa loo bandhigay labo talo. In awrta lacagteeda oo waafi ah la siiyo lana jiscimo dabadeedna ay Galdogob→Gaalkacyo→Beledweyne gaari u raacaan—oo hadhow ay awr xagga ka gataan. Iyo in ay awrtooda jidkii kula laabtaan lana jiscimo. Waxa ay doorteen ta dambe.

Kolkii ay talodaas dambe ku adkaysteen, waxaa lagu daray afar inan oo hubaysan, si u dhaafiyaan deegaanno la filayey in lagu ilaaqo ama lagu khashkhasho.

Bil kaddib, war bay soo celiyeen reer Tayeeglow. "Nabad baan ku tagnay ee Eebbe ha idin sharfo," bay ahayd. Qaabkii warka la isu gaarsiin jirey qarniyaal ka hor baa la adeegsaday. Deegaanba ka xiga buu fartiintaas u dhiibay ilaa ay Galdogob gaartay.

Xamar qudheeda dad sidaas u wanaagsan baa weli ka buuxay ee *"Ku kacshaye yaa ku soo celin"* baa maqaaxiyuhu markaas u shidnaayeen e', qoyskii afarta ahaa oo deegaanka ahaa iyo reer Galdogob waxa ay la murugoodeen Qaranbila iyo hooyadeed. Dad badan oo ay meelo xigaalo ka ahaayeen bay heleen.

Qaranbila hooyadeed, in kasta oo aan marna loo oggolaan in ay cagaheeda dhulka dhigto intii socodka lagu jirey, haddana iyada oo aad u jilicsan bay Galdogob tageen. Gabadheeda bay jeclayd in ay meel nabad ah tagto moojiye, duqdu waa liidatay.

Gabadheedu dareensanayd ma ahine, Islaantu nolol dambe abdo badan kama qabin marar bayna uurka ka jeclaysatay in odaygeedii lala aasi lahaa.

Yeelkadeede, waqtigii ay Boosaaso u gudbi lahaayeen waa yimid. Gaari la yaqaan oo hadba meesha ay rabaan u istaaga in si gaar ah loogu daro baa la qorsheeyey. Gaalkacyo laga bilaabo ilaa waqooyi-bari iyo waqooyi galbeed dadku waa isu soconayey.

Labo toddobaad oo xigaaladii Qaranbila iyo hooyadeed ee bari ku sugnaa war gaaray bay Galdogob joogeen. Kolkii ay diiftii weyneyd ka hartay bay xirxirteen. Mooryaan deegaannadaas cid gaar ah ku laynaysay ma jirin, balse isbaarooyin badan oo lacag doon ah baa aalaaba tuulo kasta yaalley.

Kolba qaran guud markaas ma jirine, barbaarkii iyo gashaantidii walaashiis ahayd, oo la kala oran jirey Taabiye iyo Timiro—oo lala soo rafaadshay Qaranbila iyo xigaaladeeda waxa ay goosteen in ilaa Boosaaso ay sii raacaan Qaranbila iyo hooyadeed. Qoyska dhan bay ka go'nayd in Qaranbila aysan marna tirsan aabbo iyo walaal la'aan. Taabiye iyo Timiro oo waalidkoodna ku raacsanaayeen waxa ay Qaranbila iyo hooyo sii gelbiyeen ilaa Boosaaso.

Taabiye iyo Timiro maqal bay ku ahayd Boosaaso. Wiilka waxaa bartamihii 1990 u dhammaaday 3 dabshid oo ka mid ahayd afar dabshid oo uu ku qaadan lahaa shahaado sare ee aqoonta daawooyinka—isaga oo gaar u sii raacay tafaariiqda daawada iyo farmashiyeynta.

Timiro, iyadu waxa ay jeclayd aqoonta deegaanka iyo duurjoogta hal nur oo bilowgii jaamacadda ah bayna qabtay. Reerka dhan, aqoon uu nolol maalmeedkiisa kula soo baxo, waxa ay u baahnaayeen deegaan xasilloon.

Nabad baa naaso la nuugo lehe, sidii tijaabo looga qaadi doono, bay tuulooyinka hal-hal u tirinayeen. In ay ka wareegaan dhanka Gaalkacyo waxaa diidey Taabiye iyo Timiro aabbohood, oo aan doonayn in Qaranbila iyo hooyadeed arkaan dagaal kale.

Waxa ay tiro ka bilaabeen, Galdogob, Qansaxle, Riig oommane, Bursaalax waxayna ka dhaceen Roox iyo Bacaadweyn. Dabadeed waxa ay uga sii gudbeen TuuloXarfo (Buuryaqab), Tarrajayga, Burtinle, Kalabayr,

Birtadheer, Garoowe, Sinujiif, Dangoroyo, Juurile, Qardho, Xiddo, Waaciya, ceeldoofaar, ilaa Laag kuna khatimeen Boosaaso.

Dhallintii waxa ay ka heleen xeebta Boosaaso. Qaranbila iyana waxaa isugu darmaday labo xusuusood oo laboduba ilmo ka joojin waayeen.

Waxaa hortii ilmadii ka dhammaysay in ay aabboheed oo nool ku soo celin kari weyday Boosaaso. Marna waxaa qaboojinayey oo iyana ilmada ka dhammaynaysay Boosaaso oo ay 10 dabshid iyo bilo kaddib iyada oo dhakhtarad ah ku soo laabatay.

Balse dalku kii 1980 ma ahayn. Qaran guud ma jirin. Bari markaas nolol baa ku soo laabanaysay. Jidka laamiga ah oo Garoowe iyo Boosaaso isku xira—oo dawladdii la burburiyey dhistay baa door hor leh u yeelay.

_11_

In kasta oo ay aad uga heleen xeebta Boosaaso ee gacanka Berbera, haddana, deegaan ku cusbaa in ay nolol ka samaystaan bay u soo toloobeen. In ay aabbo iyo hooyo ku laabtaan kolkaasna nolol la agaagumo iyo meeshii laga bilaabi lahaa baa sugaysay. Balse, Taabiye baa oran jirey, "Baayo, Timiro, aan mar kale Biyokulule tagno," ama marmarsiinyo kale keeni jirey. Mararna Qaranbila baa oran jirtey, "Abbaayo iyo abboowe labo beri oo kale ila sii jooga." Dad in ay kala tagaan jeclaa ma ahayn. Kolkii ay Galdogob ku yimaadeen qardojeexa, dhammaantood waxaa loo sheegay xigaaladood kale oo qaska ku dhimatay qaarna aan warba laga hayn.

Timiro qudheeda, cidgalkii dheeraa waxa ay ku baratay oo mar hore dhan uga dhacday—in walaalkeed gabar fiican jecel yahay iyana ay u noqotay saaxiibad wanaagsan. Si fiican bay ula socotay sababtii Taabiye gadaal isugu dhigayey, Qaranbila iyana hadba codsanaysay in laaboshada cagaha laga jiido.

Timiro, bartamihii 1990 waxa ay abdo ka qabtay in ay jaamacaddeeda dhammaysan doonto jacayl u fufayeyna ay kobciso. Balse, Soomaalidu marka ay qof raadinayso, sida sawirka soo socda bay geedka salka ka raacdaa—ilaa ay ku geyso laan ama in istaqaan—oo aalaaba jilib loogu yeero (eeg sawirka soo socda ee geedka). Kii ay isjeclaayeen, 8aad, 1990 in uu Itoobiya ka dhacay baa ugu dambeysay—haddana Soomaali ciddii uu ka ahaa waxa ay ahayd: *Laxda ayaanba u xog la'ahay.*

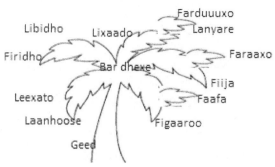

"Laxda ayaanba u xog la'ahay" sida ay ku baxday aan sheekadan yar aragno. Tuug caan ahaa ayaa reero lax (ido dheddig ah) ka xaday. Waa la raacdeeyey. Markii uu arkay in la qabanayo buu nin geed hurda laxdii ula tegey. Inta agtiisa ku xiray buu ka sii dhuuntay.

Raacdadii baa u tagtay laxdii oo geed ku xiran iyo nin ag hurdey. Iyada oo aan la hubsan in ninka hurdo tuuggii ahaa iyo in kala baa dhamso (Budhadh) loola kala wareegay, iyada oo lagu bulaamayey *"tuug yahow laxda xaday"*. Haddii uu salalay uuna weyddiiyey sababtii loo budheynayay—kolkaasna loo sheegay in uu laxdan ka soo xaday buu yiri, *"War anigu laxda aad ka sheegaysaan baanba u xog la'ahay."*

Si kastaba ha ahaatee, kolka lagu daro Timiro, jacaylka afka un laga la baqayey in si fiican marada looga rogo baa aad loo wada jeclaa. Haddaba, qof baa go'aansaday in aan sidaas lagu dhowran karin. Erayada soo socda baa qofkii qoray. Bal aan eegno halka la geeyo iyo sida loo dhigay.

Qaranbila abbaayo
Qas maanka iga gala
Iyo qablan baan ku seexdaa
Qaran (Qaranbila) baadi goobaa
Qararka aan ka doonaa
Qori meel ka jaba iyo
Qajaf aan dhegeystaa
Kolkii aan ku qado taas
Waan sii qaboobaa
Qarow baan ku laabtaa.

Qaranbila abbaayo
Dhibaatadii na qabataan
Qudha aan iraahdaa
Qushuucaaga dabar geli
Qalanjada u kaadi
Qardaafihii na soo maray
Ha halmaanto qayboo
Qalbiga ha soo dabbaashee.

Kolkii uu erayada kore ugu sheegay in uu ka xishoonayo in uu jacaylka dooxo—iyada oo geeridii aabbo sii muuqato, buu haddana erayada soo socda ku xusuusinayaa in adduunku sidaas iska yahay. Waxa uu tilmaamayaa in dadka dadaal un la faray, balse go'aanka u dambeeya Eebbe leeyahay. Nolosha buu ka dhigayaa wax amaah ku ah. Waxa uu yiri:

Qaranbila abbaayo
Qardo weeye noloshu

Qardhaas maaha kuu xiran
Qaddarkaad ku leedahay
Marun baa la qaadine
Ha qisaasin aayaha
Ha ka quusan raaxo.

Intaas kaddib buu xusuusinayaa in geerida iyo jacaylkuba isla dhasheen—oo mid walba hawshiisa wato. Bal aan eegno sida uu sababeeyo in jacaylka abaalkiisa la mariyo. Sidan buu dhigay tanna.

Qaranbila abbaayo
Ha qisaasin aayaha
Ha ka quusan raaxo
Jacayl waa qiso adduun
U dhammeeyey Qays oo
Leylana qabriga dhigay
Anna aan qarsanayaa
Qalbi kuu abaarsaday
Qarfe aan ku celiyaa
Qaaddir aan ka tuugaa
Meeshaad u qalantiyo
Qarqarrada ku geliyaa
Hadba aan ku qaadoo
Kuu qaado heesaha
Qaarkaad u jeceshahay.

Erayada waxaa la geshay barkinta Qaranbila. Gacanteeda baa durba taabatay markii ay seexo damacday. Timiro baa qolka gees ka jiiftay—halka

Taabiye uu qol keligiis ku ahaa. Nalkii ma shidin ee musqusha bay kula carartay. Iyada oo aan akhrintii dhammayn baa timoheedu oogsadeen. Jiririco iyana waa ku jajabtay. Dhowr jeer bay akhrinta ku celisay. Qof jacayl qarsanaya baa qoray. Waa mid xishoonayaa oo toos ugu la soo dhici waayey. Taabiye nin aan ahayn ma noqon karin, haddana fartiisa ma ahayn.

Haba yaraatee, cid kale oo ay ka fileysay erayadaas oo kale ma jirin. Haddana, dhowr xaraf bay istiri waa sida Taabiye u qoro. Ma damcin in ay tiraahdo "Fartan ma adaa qoray," waxayse ku kordhisay walaac. Habeenkii labo indhood isuma geyn.

In kasta oo ay hubtay in Taabiye qoray, haddana magaaladeedii bay joogtay. Dad badan oo ay yaraantii isgaran jireen bay dib u kulmeen. Qaar markii ay ogaadeen in ay weli madax bannaan tahay dib u soo dacliyey baa jirey, balse marna uma soo dhawaan heerkii Taabiye ka joogay.

Sidaas oo ay ahayd, in qof aan Taabiye ahayn erayada qoray, suuregalku waa ka weynaa eber (Suuregal > 0). Balse, Taabiye waa labo-midigle oo bidixda buu ku qoray erayada, waana inta yar oo hubsiinada 100% wax ka dhimaysay.

Qaranbila waa is-hayn weyday. Si ay u sii hubiso una soo dhaweyso barbaarkii ay jeclayd isna jeclaa, iyana dhowr eray bay gadaal uga qortay warqaddii barkinta loo geshay. Maadaama uu tilmaamay in uu xishoonayo geeridii aabbo darteed, waxa ay u caddeynaysaa haba yaraatee in aysan weligeed marna dhibsan qaabka uu qof ahaan u dhaqmo—gaar ahaanna iyada ula dhaqmo. Waxa ay ka tiri:

Qummanow abboowe
Qardhaastii jacaylkow
Weligay ma qoonsan
Qaabkaad u hadashiyo
Qowlkaad tiraahdo
Qoraalkaagu waa qaran
Qiyaas baan ku eegoo
Qiiraan ku qaabbilay.

Erayadan soo socda iyana waxa ay warcelin ka bixinaysaa dhowr weyddiimood oo qoraalkiisa ka mid ah. Waxa ay tiri:

Qummanow abboowe
Qardhaastii jacaylkow
Ma qawadinin nolosha
Ma qisaasin aayaha
Kama quusaan raaxo.

Qummanow abboowe
Qardhaastii jacaylkow

Qof kaleba ma qaban karo
Qaararkayga oo idil
Qoonde ayaad u leedahay
Qanac baan ka buuxaa
Qushuuc baan la jiifaa
Qaaddir baan ka tuugaa
Inaan qoys yagleelnee
Qaydkaygu waa gogol
Qalbigaygu kuu furan
Qorshehaygu waa adi.

Jacayl baa la yimaada arrimo kala duwane,
Taabiye hurdadii buu isku daahiyey aroortii. Xishood
buu la kici waayey indhohiina la siin waayey gabadhii.
Awal sidii walaalo baa loo kaftami jirey. Aroortaas,
dheeshii walaaltinimo xil baa galay. Erayadii Qaranbila,
iyana goor uu musqusha galay baa barkinta loo geshay.
Isna waa qaboobay. Ilmada buu gaar u qubay.

Laga soo bilaabo qaxii Xamar, Qaranbila hadba
waa sii jeclaanaysay inanka waana tuhunsanayd in uu
iyada ka darnaa. Ciddii dhiirran lahayd baa midba
sugayey. Jare ama shax baa la dheelayey. Sidii loo sallixi
lahaa kubbadda baa xeesheed lagu jirey. Geeridii
aabboheed baa sii qoyanayd, oo barbaarku la
aammusnaa, balse kashuhuna ama waqtigu isna
hawshiisa buu watay. Taabiye iyo Timiro Boosaaso
iskama joogi karin qorshe la'aan.

"Eebbe ayaa talo ku filan" in wax lagu daro baa meesha tiil. Haddii aan boogta jacaylka midkood dooxin, waqtigii ay Taabiye iyo Timiro laaban lahaayeen baa aad u dhawaa. Marar badan baa dib loo dhigay.

Qaranbila iyo Taabiye xishood baa sii kala galay. Kaftankii waa soo yaraaday. Isla markaasna dareenka in badan lama cabburin karin waxa uuna marayey heer uu karkaarrada jabsado.

Si kastaba aha haatee, xaaladdii oo halkaas maraysa, baa Qaranbila goosatay in ay maalin hebla dhallinta xeebta ku lugeysiiso. Aag gaar ah bay tamashle ku marisay. Halkaas in boogta jacaylka lagu dooxo baa aammusnaan loogu doortay.

Si kadiso ah baa Qaranbila dheeshii u furtay. Barta shaxda lagu furay baa mudnayd. 11 nur ka hor, 2aad, 1980, 20 jirkeedii sheeko dhacday bay fartay. Waxa ay tiri, "Taabiye iyo Timiro, abbaayo iyo abboowe wax baa igu xasilay. Galabtii iigu dambeysay dhinacan xeebta waxa aan kula lugeynayey Kaabiye Sooyaal. Waan walaacsanaa waana faraxsanaa. Waa hubaal in noloshu tahay <u>dacar iyo malab</u> aadan marar kala sooci karin—haddana, in hadba ta dambeysa la daryeelo si weyn bay iigu duxday." Waxa ay sarbeebtay:

Marun baa la qaadine
Ha qisaasin aayaha
Ha ka quusan raaxo.

Taabiye aad buu u faraxsanaa. Waxaa jeebka ugu jirey:

Qof kaleba ma qaban karo
Qaararkayga oo idil
Qoonde ayaad u leedahay
Qanac baan ka buuxaa
Qushuuc baan la jiifaa
Qaaddir baan ka tuugaa
Inaan qoys yagleelnee
Qaydkaygu waa gogol
Qalbigaygu kuu furan
Qorshehaygu waa adi.

Waa jacayl iyo xaalkiise, weli qalin iyo eegmo baa lagu wada hadlayey. Erayo toos la isugu yiraahdo iyo in la isku marmo baa la sugayey.

Adkaysigii baa wiiqmay. *"Waa hubaal in nolashu tahay dacar iyo malab aadan marar kala sooci karin— haddana in hadba ta dambeysa la daryeelo si weyn bay iigu duxday"* kolkii ay tiri buu goostay Kubbaddii loo sallaxay in uu goolka shab ku siiyo. Gabadha hor teedii buu istaagay indhohana ka eegay. Haddana, kuweedii bay weecisay dhugasho hoosena ku dartay. Ilmo dhulka gobo' ku tiri buu arkay. In ay sii jeensato bay damacday.

Falkaas waa laga dhabqiyey dhakhtaraddii. Inankii kubbadda loo sallaxay baa yiri, "Abbaayo, Qaranbila, kolba aan geeridu cidna kala tashan cidda ay neefta ka xireyso, nolosha hadba ta dambeysa baa xannaano mudan sida aad u tiriba." Ilmadii bay sii qubtay. Iyada oo aan wax dhaqaaq iyo hadal toona ah isku dayin bay mowjadihii badda indhoha la raacday. Garabka buu ka istaagay lana eegay waxii indhuhu qabanayeen.

Mowjado aan xoog badan lahayn baa tartiib isaga soo dabo imaanayey. Biyuhu marar bay barta ay ku lugeynayeen abur yar kula kufayeen. Dad aan badnayn oo labo-labo gacmaha isu haystay baa xeebta joogay. Haddii labo gacmaha is-haysta wada hadlayeen, kolba cod dheer oo cid aan la joogin maqli kartey ma ahayn.

Qayb xeebta Boosaaso ka mid ah, oo aan dad badan u daqaqamin bay ahayd. Dhallinta jacaylka la daashoota baa aalaaba isku la cidleysata.

Sharqanta keli ah oo la maqlayey waxa ay ahayd mid Mowjaduhu samaynayeen oo aan tabar qumman lahayn. Shimbiro xeebta kalluun ka ugaarsanayey ma jirin. Raxan-raxan dhanka birriga u dheelmanayey baa marar indhuhu kor u jalleecayeen. Saddexda qof labo ka mid ah, mid walba ilmo baa ka tifqaysay. Cidna kama qarsoonayn. Gool dhashay sacabintiin baa gacmaha loo kala furayey.

Qaranbila, waxii ay faroha la hesho bay biyaha ku tuuraysay dabadeedna bal jubuqda ama bashta dhalata dhegaha u dhigeysay. Dhugmo badan xataa uma hayn ee falalka baa loo tartiibinayey.

Qaabkii Kubbaddii oo goolhayaha shabaqa u dhaaftay loogu sacabin lahaa baa ilbiriqsiyo ka dhimmanaayeen. Taabiye, isagu qaabkii sacabka loo bilaabi lahaa buu falkinayey. Wadnaha baa ruxanayey. Higaagyada in uu goosto buu ka cabsanayey. Kelyuhu dheecaan badan hurgufayeen.

Jacaylkii hayey in ay si un u farto baa iyana gabadha ku rafanaysay. In yar bay tartiib indhoha guluc ugu siisay Taabiye, haddana weecisay. Barbaarkii go'aankii u dambeeyey buu qaatay. Sacabkii buu isku dhuftay oo ahayd in uu hakiyey socodkii. Fal kale buu ku sii daray. Inta toos ugu jeestay buu gacmohiisa kala bixiyey. Ilmo in ay wiilka ka tifqayso waa u jeedday.

Intaas ka badan ma hayn karee
Alla Hodoney hab ku soo dheh
Hawaawirayoo hir baa na watee
Alla Hodoney hab ku soo dheh
Hurdada ma solee ma kaa harayee
Alla Hodoney hab ku soo dheh
Hammaa na diloo habeen ma ladee
Alla Hodoney hab ku soo dheh
Inaan ku helaa hankayga bilee
Alla Hodoney hab ku soo dheh
Aan heello tumannee hab ku soo dheh.

Ma sugin fal kale ee Qaranbila waxa ay isku uruurisay xabadka Taabiye. Ilmadii waxa ay u kala degatay garbahooda. In la tiro kasho looma hayn dan iyo daarad toonana laga ma lahayn.

Taabiye, arrin kale buu ku sii daray bururkii dhacayey. Iyaga oo weli xabadka isaga maran buu heestan ay ka xalladiso Khadra Daahir Cige dhowr tixood ka soo qaatay. Waxaa ka mid dh:

.... Hadba waxaan arkaa
Anoo ay cidla' ah
Eri dhaban sidii
kuu ololayee
Ubax baan sidaa
Kuula ordee
Maad iga aqbali?

Intaas kolkii uu marinayey bay la wareegtay bogga ka bilaabanaya:

Eeddaad kalgacal
Adaa igu gudbaye
Dhibtan maad uga bixin
Naftaan ka kugu indha la'
Usha maad u qaban?

Naftaan nafta ku oggolee
Kuu abaajidee
kuu abaydintaa
Dhibta ma uga bixi?
…. yay ku dhicin ilmadu
Dhir abaarsatee
isha sacabka mari.

Qaranbila iyo Taabiye oo aan malaha farxad nololeed ka maqnayn iyo Timiro oo ku faraxday in jacayl guulaystay baa isla qaaday. Haddana, waxaa la soo qaatay dhowrkan bog.

Ma og tahay in badan baan
Afka kaala baqayee
Ma og tahay indhoha iyo
Uurkuba daraaddaa
Inay kuu ilmeeyaan
Kalgacayl la ooyaan!

Labo beri gudahood, Taabiye iyo labodii gabdhood waxa ay curiyeen heestan dheer.

Innagoon isba Ogeyn

Erayadii Cali Maxamed Cabdigiir (Caliganay)

Heesta Kow: Innagoon isba Ogeyn

Gabadha: Marka 1aad

- Ma ogtahay abboowow
- (Inaan) sidii ayro geeloo
- Aar libaax ka jaray ubad
- Ama igar maqaarkii
- Laga maanyo geeyaan
- Kuu olalayaayoo
- Ilmo iiga qubataa
- Qalbi kuu abaarsaday
- Abhiyaa hariyo leyl
- Aashaa iraahdaa.

Wiilka: Marka 1aad

- Innagoon isba ogayn
- Inaan isu asqownaa (Ilmeynnaa)
- Waa ammuur layaab loo
- Abdo igu abuurtee
- Aniguba dartaa baan
- Oomatiba ka suuloo
- Nafta oomiyaayoo
- Hadba edeg ku oodaa
- Alle aan u tuugaa
- Adkaysi aan ku waanshaa.

- Intuu Saatir noo qoray
- Inoo siiyo saamiga
- Araxdaan ku saarine

- Uursami ku seexo
- Ifka samo ku noolow.

- Waa inoo ahaatoo
- Aqbal weeye taladuye
- Uursami ku seexo
- Ifka samo ku noolow.
- Aammiin Allahayow.

Xusuus: Heestan qof kasta baa qaadan kara kuna luuqayn kara. Waa in la sheego buugga iyo qoraagiisa bes.

Qaranbila waxa ay qortay buug. Waxaa dusha looga sawiray gabar liimo dhan afka ugu jirto isla markaasna indhoha ka xiran. Waxa ay u bixisay **Quus iyo Qardojeex.**

Taabiye waxa uu ku dhashay xaafadda Yaaqshiid ee Xamar—halka aabbohi ku dhashay Eyl, balse uu yaraan ku galay Xamar. Hooyo iyana waxa ay ku dhalatay magaalada Ceerigaabo.

Si kastaba ha ahaatee, Taabiye ilaa uu soo gaaray 23 ma dareemin in cid Xamar ka xigto. Hase yeeshee, labo jeer buu yimid gobollada dhexe marnase Garoowe uma dhaafin dhinaca waqooyi-bari—halka uu gobollada waqooyi hooyadi mar u raacay. Markaas, waxa ay tageen Hargeysa, Berbera, Sheekh iyo Burco.

Taabiye waxaa marar badan gurigooda Xamar imaan jirey xigaalo ka imaan jirtey deegaannada waalidki ka soo jeedeen. Ilaa uu arkay dhallin ay isku xaafad ahaayeen oo hooshayey dad xaafadda muddo la deggenaa isagana aan huurba la iska saarin, si fiican uma quusan.

In kasta oo Tayeeglow uusan wax aan wanaag ahayn uusan kala kulmin, haddana waalidki baa u sheegay in aysan xigaalo Soomaali weyn ka hooseysa ku lahayn. Aad buu uga wareersanaa noloshii uu ku koray oo wax labo dabshid ku sugan weji xun loogu yeelay.

Ugu dambaynta, in kasta oo uu ku soo laabtay deegaan kolba aan laga xinsanayn, waxa uu ku khasbanaa in uu la qabsado.

_12_

4aad, 1991, Boosaaso, dad ay maqal ku ahaan jirtey baa deegaan ka samaystay. Qaar waa ku dhasheen kuna koreen xoogaa bayse ka maqnaayeen. In baa u arkaysay in ay kumeelgaar ahaan ugu noolaan doonaan. Qaarna waxaa ka go'nayd in aysan dib dambe ugu baahan Xamar—Boosaaso, iyana ay cagaheeda ku istaagto isla markaasna noqoto deegaan lagu soo hirto.

Dadka hankaas ku jirey dadaalkana diyaar la ahaa waxaa ka mid ahaa Qaranbila. Haddana, in kasta oo ay aabbo soo duugtay waxaa nolosheeda ku soo biiray barbaar ay nolol adag isla soo mareen saddexdoo biilood, Taabiye oo ay shan nur ka weyneyd.

Reer Taabiye aroos weyn ma dhigan. Xigaaladii bay isugu yeereen waana loo duceeyey. Laboduba xirfado ay ku shaqaystaan bay la soo laabteen. Dad aan weligood iskuul caafimaad lug saarin baa daawo iibinayey—halka kaaliye caafimaad isna dhakhtarnimo sheeganayey.

Reer Taabiye waxa ay agaagumeen rug yar oo ay bukaanka ku eegaan. Taabiye isna waxa uu bilaabay in uu daawooyin kala waarido—oo uu jumlo u keeno kana iibsho farmashiyeyaasha. Kolkii ay si wanaagsan uga sheekaysteen, waa ka gaabsadeen in reer Taabiye Farmashiye furto. In kasta oo Soomaali badan oo markaas sidaas u hamminaysay aysan jirin, in Qaranbila ay dhakhtarad ahaato, Taabiye isna Farmashiye furto, waxa ay u arkeen dhaqan aan daaweynta ku fiicnayn. Waxa ay iska fogeeyeen in aan la oran: <u>Daawada famashiyaha odaygeeda gado bay qortaa.</u>

Qaybta 4aad

_13_

1995, Boosaaso waxa ay ku dhismaysay xawaare aad u sarreeyey. Dhul 2 KM magaalada u jira baa la isku qabsanayay. Qaranbila waxaa u joogay labo gabdhood, saddex jir iyo mid ay nuujinaysay. Waxaa u dhisnayd Bukaan eegto yar oo weli la sii ballaarinayey. Labo dhakhtar oo kale baa la shaqaynayey. Maalinta sabtida, Qaranbila waxa ay qaabbilli jirtcy dadka xanuunka Isqulubka la liita. Sumcadda daaweynta Xanuunkaas iyo Qaranbila nurba ka dambeeya waa sii baahayeen.

Labo jeer bay haddana midba lix bilood arrimo xanuunka Isqulubka la xiriira tabobar dheeraad ah uga soo qaadatay dalal dagaallo ka dhaceen—oo baaritaanno ku sameeyey xanuunka.

Dabshidkii koowaad ee ay bilowday in ay la dadaasho dadka xanuunka Isqulubka ugu yimaada, dhakhtaradda iyo bukaanku waa isku wareeri jireen. Qaar baa filayey in ay jirto daawo gaar ugu magacaaban Isqulubka—oo waalli nooc ay tahay marka ay daawada qaataan xanuunku ka duulayo. Qaar ay ku waanisay in ay balwado ay lahaayeen joojiyaan waaba ka caroodeen.

Nurkii xigey, qaar kuwii ka carooday ka mid ahaa dib bay ugu soo laabteen, oo kolkii ay talodeedii qaateen biskooday. Xanuunka Isqulubka noocyadiisa kuwo ka mid ah daaweyn dhab bay u baahnaayeen waana ka boodi jireen kolkii ay sidii loogu qoray u qaateen daawada.

In badan oo dadkii Xanuunkaas ugu imaanayey ka mid ahaa dhibaato qoyskooda ku dhacday bay goobjoob u ahaayeen. Qaar iyaga baa dagaal galay oo dhibaato geystay. Qaarna arrimo isbiirsaday bay sababsadeen.

Kolkii ay daaweynta Xanuunkaas caan ku noqotay, dhakhaatiir baa ka codsaday in ay tabobar gaaban u furto, si dadka aan Boosaaso soo gaari karin ee deegaannada durugsan ku sugan uga taageeraan.

Bukaan eegtii waa sii ballaaratay. Dhakhaatiir kale baa ku soo biiray waxayna u wareegtay barenimo caafimaad iyo kormeerka Bukaan eegtada.

Si kastaba ha ahaatee, laga soo bilaabo Diseembar 29, 1990, arrin baa hadba maankeeda soo gelaysay. Kolkii ay ku tallanto in ay baaritaan samayso, oo arrintaas dabo gasho, xasilloonida dalka baa kadeed ku keenaysay.

Diseembar 29, 1990 waa maalintii <u>Kaabiye</u> ugu dambaysay. Waa maalintii ay xaaskiisu huruuftay Qaranbila—madashaas oo Qaranbila ka tiri:

Abbaayo, Kaabiye abaalka aan u hayo kuma jirto in aan reerkiisa burburiyo, balse ka gaabsan mayo in aan soo jeediyo in aad adiga iyo carruurtu meel nabad ah sii tagtaan.

Waa maalintii ay soo fiirsatay Shiribkii ay mirihiisa ka mid ahaayeen:

Shiraa la qaatee
Shiikha maad u sheegtaan
Shub maad tiraahdaan
Minuu shubi waayana
Aa la shubsiihaa.

Waa adduun iyo xaalkiise, dhammaadkii 1995, Shiikha shiribku tilmaamayey, koonka korkiisa kuma soconayey. Waa mootanaa ila labodii 1aad, 1995. Waa Maxamed Siyaad Barre. Saadaashii aabboheed u sheegay meel aysan ka dhicin dalka kama jirin. Waa tii uu yiri:

Aabbo, ma jiro wax la yiraahdo Daarood, Hawiye, Isaaq, Ciise, Digil-Mirifle iyo kuwo kale oo guud toona. Cidda rabta in ay caddaalad-darro samayso baa hadba awrka ku kacsata. Haddii aad sii noolaato, waa aad arki doontaa iyada oo mid walba hoos isu gumaadayso.

Dhimashadu waa mid aan dad weli xal u hayne malahana xalka jiritaanka koonkuba sidaas yahaye, maalinta Qaranbila ay dheesha shiribka daawanaysay, Diseembar 29, 1990, dhammaadkii bishii ku xigtay baa Siyaad Barre Xamar ka huleeyay. Iyadu maalmahaas bay Xamar ka baxday.

_14_

Si kastaba ha ahaatee, bilowgii 1996, Qaranbila waxaa bukaan-eegtada loogu keenay nin dhallinyaro ah oo haweeney waddo. Aad buu isugu buuqsan yahay. Waxa uu ku jirey heerka Isqulubka oo ay tahay in qofka laga badbaadsho qudhiisa iyo dadweynaha. Waxaa loo sheegay dhakhtaradda in uu marar dharka xooro. Daawo qaboojin ah bay u qortay isla markaasna ballamisay 5 beri kaddib.

Ballantii buu ku yimid isaga oo daawadii soo qaatay sidii horena aad uga deggan. Waxa ay ku tiri, "ma i aammini kartaa?" Hadal uu muddo maqlay ma ahayn. Xoogaa haddii uu aammusnaa buu yiri, "Haa dhakhtarad."

Hooyadi bay u sheegtay in ay fadhiga ku sugto. Markii ay isku keliyeysteen bay ka codsatay in uu uga warramo noloshiisa. Sidatan buu ugu warramay.

Aniga oo aan weli u fariisan imtixaanka 4aad ee dugsiga sare baa dagaalkii Xamar qarxay. Anigu meel aan Xamar ahayn uma socon wax aan qabtona ma aqoon. Waxa aan ku biiray jabhad. Halkaas kolkii uu marayey bay ku tiri, "Weligaa qof ma dishay?"

"Haa."
Qaabkee?"
"Dagaal aan wax ka galay?"
"Dil aad aragto maxaa kuula xumaa?" Xoogaa buu
aammusay. Haddana, goonyaha buu dhugtay. Kolkaas
bay ku tiri, "Hooya dibedda bay fadhidaa. Qolka
labadeenna keli ah baa ku jira. Caafimaadkaagu waxa
uu ka bilaaban karaa in aad haawato."

Oohin buu ka wareegay. Inta istaagtay bay
hag siisay. Waxa uu u sheegay in gabar ay isku fasal
ahaan jireen uu ayeydeed diley, balse uu iyadii
badbaadshay. "Sidee u dishey ayeeyo iyana u
badbaadisay?" Waxa uu yiri:

Duullaan baan ka mid ahaa. Magaalo baa lagu
qaaday. Horraanta, albaabka hore ee guriga
baa gudaha la isu dhigayey oo tabobar aan
qabnay buu ahaa, dabadeedna kuwa albaabka
jebshay kuwa la socdey baa rasaasta furayey.
Guri baa gudaha la isu dhigay anna rasaastii
baan furay. Haweeney waayeel ahayd baan
shafka uga furay gaddac bayna u dhacday.
Gudaha ma aannaan wada gelin ee aniga baa
rasaas ku furay qol aan dhaqaaq ka
dareemay. Mukul qof haween ah oo dhacay
baa ii muuqanayey. Kuma dhaqaaqin ee
kooxdii oo iga tagtay baan ka dabo orday.

Hilaaddii, saacad kaddib, markii aan dil iyo
dhacba geysannay baan rogmannay. Gurigii

ayeeyadu ku dhimatay baa wiilal taah ka maqleen waana ku leexdeen. Anna in yar kaddib baan ku biiray waxaana ugu tegey gabar aan isku fasal ahaan jirney oo lug iyo gacan isdhaaf ah xabbado ka jebsheen—oo ku barooranaysay in khasnad dhan looga saaro. Waa aqooday waana qaadnay. Waa la kabay afar biloo kaddib baana reerahoodii u geynnay. Markii aan guriga iyada ka saaraynnay baan haddana sii xaqiiqsaday in gurigu yahay kii aan rasaasta ku furay—oo duqdu ku dhimatay qolkana aan xabbadaha ku sayray.

"Maxaad ku hubtaa in uu ahaa kii aad koowaad islaanta ku dishey?" Sidatan buu uga jawaabay:

Sidii duqdu u dhacday kolkii aan rasaasta ku furay bay u tiil markii aan wiilasha ugu tegey. Horraantii, duqda inta ku foorarsaday baan qol rasaas ku furay. Qof haween ah in uu qolka iridkiisa ku dhacay waan xusuustaa. Waxaa kale oo deyrka iiga dhacday koofiyad aan guri hore ka soo qaatay—oo kobtii ay iiga dhacday weli tiil kolkii aan wiilasha iyo gabadha u tegey.

"Gabadhii aad badbaadisay oo markii ay baanatay aad reerkoodii u geysay ma u sheegtay in aad ayeydeed dishay adigu?"

"Maya."

Haddii aad hadda aragto ma u sheegi lahayd?"

Aammus iyo oohin bay warcelin noqotay. "Goorma ayaa kuugu dambeysay dagaal aad wax ka gasho?"

"Midkaas."

"Sabab."

"Guud ahaan baan u nacay dagaal mana rabo in aan mar dambe dhib u geysto qof."

"Maxaad samaysaa hadda?"

"Tuulo baan bare ka ahay."

"Dhacdooyinka ku soo maray oo aad jeclaan lahayd in aadan laba kulmin tee ugu daran?"

"Middaas aan duqda ku diley gabadhana ku dhaawacay."

Inankaas oo magaciisa ugu sheegay Keynaan Daryeel, waxa ay ku waanisay in uu sii wado wanaagga uu sameeyo sheekodana uu u geeyo qoraa laguna tilmaamo samays. Habka ay Keynaan ku daaweysay waa qaboojin, si uusan dhib isugu geysay cid kalena u geysan—dabadeedna uu qudhiisa u sheego in uu gaboodfal sameeyey xumaanna ay xumaan tahay, lagana waantoobi karo. Waxa ay ku dambaysiisay in uu u jeesto samaynta wanaagga iyo aamminaadda in wanaag la sameeyo—amaba u caqiidadiisa ku dhaqmo.

Isla nurkaas, 1996, Qaranbila waxaa Bukaan-Eegtada ugu timid gabar aan 30 gaarin oo aan rafaad ka muuqan. Waxa ay isugu sheegtay Bareedo Xawaal. Waxa ay ka cabsanaysay xusuus ka hari weyday. Waxa ay uga warrantay qaabkii ayeydeed loo diley. Markii ay u warrantay bay tiri, "Maxaa kuugu daran oo xanuunka kaaga keena dilkii ayeydaa?" Oohin bay ku dheeraatay. Kolkaas bay haddana ku tiri, "*Dhacdooyinka ku soo maray oo aad jeclaan lahayd in aadan laba kulmin tee ugu daran?*"

Iyada oo fiqfiq weli ku jirtey dhakhtaraddiina ku waanisey in ay waqtigeeda qaadato bay tiri:

Ayeeyo waxa ay maqashay xabbado. Albaabkii in ay xirto bay damacday. Albaabkii oo la soo jebshay iyo rasaas baa isku mar kulmay. Gadaal bay u dhacday anna rasaas baa iga hor timid. Lug iyo gacan baa milif i noqday. Naftu in ay iga baxdo baan jeclaysanayey. Waxa aan ku hilaadiyo garan mayo kaarkii aan la taahayey

Cabbaar kaddib, rasaastii oo dhan u durugtay baa tuke yimid. Waxa aan arkayey tuke ma hore bilaabay in uu ayeeyo indhoha kala baxo. Meelba meesha ay ka jilicsan tahay buu ka rifanayey.

In door ah bay sii oyday. Xoogaa baa dhakhtaraddii u kaadisay ilaa ay oohintii ka bogonaysay. Biyo bay u keentay. Waxa ay ka codsatay in ay surrucaadka ka sii sheekayso. Bareedo waxa ay haddana tiri:

Tukeyaashii waa soo bateen. Qaar baa si fiican ii eegay. In naftii igu jirtey oo aan maryaaadayey bay arkeen. Iguma dhiirran. Qaar derbiga deyrka bay fuuleen, sidii ay isqaybsheen, oo koox ilaalo ama waardiye ahaan loo rakibay. Markii kuwaasi soo degaan kuwo kale baa kor fuulayey. Waa soo bateen qaar baana bilaabay in ay xubinteeda taranka ayeeyo ka riftaan.

Mar kale baa haddana Bareedo ilmo badan iska hoorisay. Xanuun badan bay xusuustu ku haysay. Fiqfiq kale kaddib bay sheekadii sii wadday. Waxa ay tiri:

In yar kaddib, haddana, mukulaalo baa soo dhigtay. In ay tukeyaashii ka cayrsadeen oo iyagu cunid ku bilaabeen baa iigu dambeysay. Intii xusuustaasi hadba igu soo dhici lahayd, mararka qaarkood geerida baan jeclaystaa.

Kolkii aan biskooday baan dib u raacay waxii ku dhacayey meydkii ayeeyo. Waxa aan hilaadiyey tuke oo aan foojinaantiisa aqaan sida uu durba u yimid.

Dhakhtaraddii baa kolkaas weyddiin kale ku celisay Bareedo. Waxa ay tiri, "Intii aad jir ahaan u buskootay wanaag badan baad samaysay welina samaysaa, oo dhaqankaaga ka mid noqday. Weerarkii tukaha iyo bisadaha maxaad kala baxday?"

Waxa aan hilaadiyey in baalaleyda hilbaha cunta, mukulaalaha iyo dhurwaayadu ay barteen in ay aadaan meesha dagaalku ka dhacayo—oo ay ogaayeen in marar looga cararayo Meydad.

Qaranbila baa haddana tiri, "Qofkii rasaasta gaar u lahaa ma garanaysaa, ama xan ma ka maqashay intii ay ku daaweynayeen?"
"Maya. Maba hubin xataa in aan hooyo iyo aabbo dib dambe u arki doono kumana dhicin in aan sheekooyinkaas soo qaado."
"Inankii ku badbaadshay haddii uu qof kula mid ah ayeydi diley maxaad oran lahayd?"
Bareedo wax warcelin ah waa u weyday weyddiintaas. Oohin un bay joojin weyday. Cabbaar kaddib baa dhakhtaraddii haddana tiri, "Ma laga yaabaa inankii ku badbaadshay in uu ayeeyo diley?"
"Fili mayo. Kolba, haddii uu i arki lahaa, ma dileen cid kalena uma oggolaadeen."

"haddii uu ahaan lahaa maxaad oran lahayd?"
"Ma aqaan?"

Qaranbila waxa ay in yar uga warrantay nolosheeda iyo dagaalka sokeeye. Waxa ay tiri:

Bareedo, amba waxa aan ahay ka-samatobaxe *Kadeedkii Xamar iyo Kalaguur.* Waxa aan ku waayey aabbo iyo saaxiibtay la oran jirey Samaato. Saaxiibtay, inta la kufsaday baa la diley iyada oo badbaadadayda ku jirtey, Balcad iyo Jowhar dhexdooda. In kasta oo ay aqoon la'aan u dhacday, kooxdii dishey walaalkeed oo qabqable ah baa watay. Aniga baa la rabey in la i kufsado dilna la iigu daro. Qabqablehaas in aan guursado baan diidey waana qaadan waayey. Waxa ay ka gaartay *"Cadkaanow ku cunay ama ku ciideeyey."*
Waxa aan 14 beri isaga lugeynayey Tayeeglow ilaa Galdogob, oo aan ku jarnay 650 KM. Celcelis ahaan. Maalintii waxa aan socon jirney ugu yaraan 35-45 KM.

Walow aannaan arkin cid aan Soomaali ahayn, iliisha soohdinta Soomaaliya iyo Itoobiya baan ku soconnay. Geeddigaas dheer oo dhan, hooyaday rati baa u guraysnaa. In kasta oo aan labo toddobaad Galdogob joogay, 70 beri baan u dhexeeyey Xamar iyo Boosaaso.

Bareedo afka bay gacanta saartay. Waa qabowday. Marka laga reebo sida tukuhu u rifanayey xubnaha Islaanta, surrucaadka dagaalka sokeeye in qofba in daran hayo bay ogaatay. Bareedo waxa ay u sii istaagtay in ay sii labo laabto dadaalkeeda taakulaynta.

Bulshadii qaar baa dareemay in dhakhtar yahay ummuliso—taas oo Soomaalidu uga maahmaahdo *"Ummuliso sida ay wax u ogtahay wax uma sheegto."* In Isqulubka dhakhtar wax ka qaban karo jiro baa baahday.

Qaranbila waxaa ballan u dhigtay isna nin afartan u sii dhawaa oo faceeda ahaa. Waxa uu magaciisa ku sheegay Garwaaqsade. Kolkii ay warsatay sidan buu ugu taleexisay.

Fasalka saddexaad ee dugsiga sare baan ka gudbay. Reer sabool ah baan ka dhashay. Aabbohay waxa uu ahaa wayeel tabar yareeyey. Gacmaha buu ka gariiri jirey. Weesada waa loo keeni jirey. Guryo uu waayo hore dhisay baa dhaqaaluhu naga soo geli jirey, oo aan xoogaa kiro ah ka qaadan jirney. Naguma filnayn. Hooyo baa reerka biili jirtey oo macdaar reerka biilka uga soo saari jirtey. Baarri baan ahaa.

Hase ahaatee, hal mar baan isbeddeley. Dhallin aan sheeko lahayn baa war iga badiyey. Jabhad in aan kuu biirno bay igula taliyeen. Aabbo baa dareemay in aan dhankaas u jeestay. Galab buu ii yeeray. Waxa uu igu yiri, "Maandhow meesha aad u socoto nin madaxnimo u halgamaya baa awrka ku kacsanaya adigana marka danta lagugu gaaro baa durufkaaga la soo tuuri doonaa ee la soco."

Dulucda aabbo waxa ay ahayd "Maandhow goor aad iga tagto ma aha halkaasna dan kuugu ma jirto ee iska dhaaf." Ma aanan yeelin ee waxa aan ku biiray jabhad. Qubays, xarrago, buug la akhristo, jaamacado laga hammiyo, gabdho la shukaansada iyo xasillooni nololeed waa ka tagnay. Nimanka madaxda ah mar dhif ah baan arki jirney. Marka ay noo yimaadaan waxa ay noo sheegi jireen dhib lagu sameeyey qoysaskayagii, si naloo ku hayo jabhadnimada. Marar kuwo baa lagu dalban jirey qaarka laga cabsanayo in ay fakadaan oo ay reerahoodii ku laabtaan—amaba dalalka kale u dhoofaan haddii ay fursad helaan.

Waxa aan xusuustaa in aan mar duullaan qaadnay. Tuulo bay ahayd. Dhowr nin oo boolis ah baan dilnay qoryihiina ka furannay. Racii hore ee weerarka baan ku jirey. Markii

aan rogmannay baa oday waayeel ah aad
noogu dhaliilay in aan dhibaato geysanno.
"Qofka idinku amray shacabka in aad
dhishaan yaa uu xukumi doonaa—waaba
haddii weerarku yahay in kursiga Siyaad
barre lagu fariisto e'," weyddiin uu indhoha
naga saaray baa ahayd.

Hadalkaasi waa iga dusay. Xusuus baa i
daartay. Odaygii iyo dhabtii uu taabtay baan u
carooday. Inta u dhawaaday baan ku iri,
"Haddii aadan habaarka naga la harin, wax
xun baad indhohaaga ku arkaysaa odayahow
xun." Ma garanayo wax uu ku keenay, balse
waxa uu igu yiri, "Awoowe, anigu kuma
habaarin ee waxii Biri-Ma-Geydo xasuuqa baa
habaarku ku dhacayaa. Midda kale, xabbad
iguma aammusin kartid haddii aadan
aabbohaa oo indho la' ka soo tegin."

Sidii xayiga ahayd ee uu hadalka ii yiri iyo
baqdin la'aan ka muuqatay, isla markaasna uu
ii xusuusiyey aabbo baan ka sii carooday."
Annaka oo garanaynnay isbahaysigii aaggaas
deggenaa, oo weerarka in aan ku qaadno kas
aan ugu duulnay baan ku iri, "Adeer yaad
tahay?" Mar kale buu iga sii yaabsaday.

Inta ilkaha caddeeyey buu igu yiri, "Maandhe,
in kasta oo Soomaalidu beelaysi ku waalan

tahay, reero la igu sheego waa jiraan, balse aniga Soomaalinimadu waa igu filan tahay." Meel gaar ah baa toos ii danqatay waxaana soo xusuustay iskuulnimadii aan 13 dabshid soo jafayey, oo marna aan waalidkay lacag la weyddiin. Dhaqaaq baan u hogbaday aniga oo aan butulli kale furin.

Mid na dhegeysanayey baa xabbad luguhii odayga dhexdooda ku dhuftay. Odaygaas oo aad moodday in uusan dareemin xabadda dhawaaqeeda baa yiri, "Awoowe dhulka ka daa ee aniga igu dhufo haddii lagu yiri janno baad ku tegeysaa dilka wayeelka aan waxba kuu dhimin."

Inankii xabbadda riday baan hantaaturreeyey (Taqataqeeyey), si aan odayga uga tagno. Inankii inta caytamay buu yiri, "Wallaahi odaygan xunka ah in aan ku aammusinayaa," isaga oo xabbad kale dusha ka marshay. Odaygii inta mar kale ilkohaha caddeeyey buu yiri, "Awoowe iska dhaaf malaha habar waalid baa daboda ka wada, oo iyaga oo joog leh buu ka soo oradaye."

Odayga, runtiis bay ahayd, oo dhallinta jabhadaha badankood waalidkood raalli kama ahayn in ay Soomaali kale ku duulaan oo dhibaato u geystaan, iyaga oo haba yaraatee aan dadkaasi waxba u dhimin.

Ugu dambayntii, inankii waa ka waday odaygii. Isma aannaan aqoon ee jabhadda baan ku wada jirney. Dhowr beri kaddib baan ogaaday in aabbohiis indho la' yahay.

Habeenkii baan ku riyooday aniga oo kubbad la ciyaaraya ardaydii aan isku fasalka ahaan jirey qaar ka mid ah. Dareen baa igu dhashay ahaa in aan reerkii ku laabto. Cidna uma sheegin ee labo beri baan ka hamminayey sidii aan ku fakan lahaa. Aaggii aan bil ka hor weerarka ku qaadnay mid xoogga u jira baan naloo diray. Fursaddaas baan qaatay.

Isbahaysigii aan weerarka ku qaadnay aaggooda ma mari karin. Rafaadka iga muuqday haddana ma ahayn mid qarsoomi karey. Ciddii ku qabataa inta badan askarta dawladda bay kuu dhiibaysaa.

Aniga oo rafaadsan baan ku soo baxay niman barkad biyo ka dhaansanaa. Mid baa kolkaas yiri, "Waa jabhad fakad ah. War ma soo nacday mise jaajuusnimo baa laguu soo diray." Ku kale baa yiri, "War inanka hortii waraabi kaddib warsoo." Kolkii aan xoogaa la joogey baa kii in hortii la i waraabsho ku taliyey lacag ii dhiibay iina tilmaamay nin deggenaa tuulo xoogaa ii jirtey. Ninkii baa timihii iga jaray, dhar ii gaday. Caadi baan noqday waxaana gaari u raacay reerkayagii.

Aabbo aad buu u farxay. Waa uu sii tabar yareeyey. Waa 1989. Dalku waa ciirayey. Ardodaydii dugsi sare waa ka baxeen. Waxa aan bilaabay macdaarkii reerka in aan gado. Dagaalkii weyna baa qarxay. Waxa aan arkay deriskii oo si xun isu xamanaya oo haddana isu tashanaya.

In kasta oo markii aan ka tegeyba nuxnuxda socotey, oo cido gaar ah afka loo buurayey, haddana, weli xaafaduhu waa isu laabanayeen. Ardaydu ma kala soocnayn. Shirar badan guryaha kama socon.

Hase ahaatee, markii aan soo laabtay xaafaddu teedii hor ma ahayn. Haweenkii guryaha hortooda xoogaa ku wada qosli jirey waa kala qaloonayeen. Korka bes baa la iska salaamayey. Guri walba shir gaar ah baa ka socdey. Arday aan is-aqoon baa beelo ahaan isu bartay. Labo col ahaa oo gabdho isku haystay baa qabiil isu keenay. Saaxiibkii hore baa cadow noqday—amaba la bilaabay in xanta laga shaxeexdo. Magaalo sii xanuunsatay baan ku soo laabtay.

Waa run, oo jirradu waa tii aan hawdka uga imid, oo degsiimo aan waxba noo dhimin aan ugu duulaynnay. Waa tii aan saajin tuulo jooga qoryaha uga furanaynnay, qaarna aan dileynnay. Waa tii timuhu raamaha na ahaayeen. Waa tii mar hore dhallin uga fakanaysay dalal kale.

Si kastaba ha haatee, xaafadda oo hargab qabta baa ka tegey. Dhallin jeermis lagu wada duray baan duurka ugu tegey. Xaafaddii ama magaaladii oo hargabkii ku sii xumaaday, oo qaaxo u sii socday baan u imid.

In aan soo quustay reerkayaga bes baa la socday. In aan xumaan sii ololeeyo baa la iga eegayey. Dhallin aan garanayey baa isu abaabulaysay dhac iyo kufsi. Waa la igu soo dhaweeyey waana diidey in aan qayb ka qaato burcadnimadaas. Colaad baa la ii qaaday. *"Jabhadkii day buste buu noo huwanayaaye, yuu iska dhisayaa, tolkiisu miyuu ka faanaa, falankiis aan qabanno,"* iyo kuwo ka daran baa hadba dhan la iiga soo tuurayey.

Shaqo wanaagsan baa la iga qabtay. Si aan kooxda ugu biiro, shirqool baa la ii dhigay. Dhowr kufsi baa inta la sameeyey haddana durba suuqa lagu faafiyey in aan ku jirey.

Waxa aan arkay dadkii wanaagga jeclaa ee xaafadda oo hoos ii dhuganaya.

Aad baan u dhibsaday goor aad cid la hadli karto oo aad dhaleecada ama ceebta iska rogi karto ma ahayn—oo beelo baaba loo kala dareerayey. Haddana, mar kale baa la ii yimid. Naftaada ama na raac bay tagtay.

Reer ay soo ilaalaysteen baan u tagnay. Waa nin waayeel ah, xaaskiisii iyo labo gashaanti—oo filkooda aan ku aqaannay dhowr iyo labaatan jirro. Mid baan garanayey.

Shirqool dartay loo abaabuley buu ahaa. Dil baanba in yar uga fakaday.

Si ay ahaydba, odaygii reerka xabbad baa lagu tuujiyey. Islaantii iyo gabdhihii baa kufsi lagu bilaabay. Nal ma jirin ee gabdhihii baa lagu khasbay in ay feynuus shidaan. Waxaa la igu khasbay in aan feynuusta u hayo kufsdeyaashii.

Qofkii la doono baa la dilayey beryahaas beeshiisu noocii ay rabto ha ahaatee. Gobonimodoon, cadow, Cadow-Kalkaale iyo *"Afkii baa juuqda gabay"* mid un baad ahayd. Anigu ma noqon karin *"Afkii baa juuqda gabay"* markaas.

Daruufohaas dartood, qayb baan ka qaatay kufsigii iyo dhacba. Haddaba, xusuustayda waxaa ka hari waayey erayadii Islaantu ku cabanaysay oo ay ka mid ahaayeen, "Derisnimadii, Soomaalinimadii iyo muslinimadii haddii ay sidan noqdeen, wax laga nooladaba ma harin." Gabadhii aan garanayey oo aan wax ka kufsaday baa iyada oo barooranaysay tiri, "<u>Allaa! Allaa! Waa hebel qofka sidan yeelayaa!</u>"

Haddaba, in badan baa maqashay sheekadayda, balse cidna iga yeeli mayso dareenkaygana kama bixi karto.

Garwaaqsade kolkii uu sooyaalkiisii iyo urugadii ka hari weyday sidaas u mariyey, bay Qaranbila mid qudheeda soo martay wax uga sheegtay. "Keligaa ma aha ee ha quusan" bay ahayd. Waxa ay tiri:

Kolkii uu soo baxay tabobarkii aan ku soo bartay sida loola tacaalo dadka Isqulubka ka dhaxla dhibaatooyinka, oo labo dabshid ahaa, dhammaan dhakhaatiirtii kale waa diideen.

Qiimoba looma yeelin aqoonta lagu la tacaalo dhibaatooyinka dareen ahaaneed iyo jir ahaaneed ee laga dhaxlo dagaallada. Anigu waa dareensanaa doorka ay leedahay aqoonta noocan ah. Dhakhtar waayo-aragnimo iyo indheergaradnimo isku darsaday baan gaar ula shaqaynayey—oo barehaygii ahaan waanada uga qaadan jirey. In aanan labolabayn ee aan tabobarka soo qaato buu igu waaniyey.

Kolkii aan tegey Jamaacadda <u>Koryeela</u> ee dalka maraykanka, waxaa la ii soo bandhigay in aan qaato labo koorso ama cashar oo lix bilood soconayey—dabadeedna aan u fariisto imtixaanka Dhakhtarnimada ee maraykanka. Iyo in aan Dhakhtarnimada ku daro labo dabshid oo samaynta daawada ah. Labodaas taloba waxaa looga gollahaa ama looga jeeday in aan Ameerikaan noqdo, oo Ameerika joogo.

In yar xataa hunguri igama gelin. Kolkii talodaas la igala quustay baa la ii sheegay in kooraskan la tacaalidda Isqulubku saddex dabshid yahay—oo ka u dambeeya aan u soo laabto.

Hase yeeshee, isla markiiba waxa aan ogaaday in saddexda nur aan ku dhammayn karo labo dabshid—haddii aan iska halmaamo Sabtiyada oo dhankooda fasax ka ah, labo koorasna aan ka qaato jaamacad kale oo isla aagga ahayd. Waa ku guulaystay.

Waalidkay in aan ka fogaado geeri un baan ka dhigay. Maanta oo labodiiba aan gacantayda ku duugay, go'aankaas aan qaatay aad baan ugu riyaaqsanahay weli.

Bartamihii 1997, Qaranbila waxaa u yimid wiil iyo gabar dhallinyaro ah. Waxa ay kala tashadeen sheekadan. Waxa ay ku bilaabeen:

Magacaygu waa Muunyo. Gabadhan, iyana waa Nuurto. Afgooye baan ku dhalannay kuna barbaarnnay. Imminka 25 jir baan ahay iyana 23 waana walaashay iga yar. Waa 2000. Siddeed dabshid ka hor baan Afgooye noogu dambaysay. Aniga iyo walaashay waxaa aan naqaan ninkii aabbohayo diley 1992. Beertayadii buu haystaa. Waxa uu ku haystaa hooyo iyo ilmo uu xoog uga dhalay. Hooyo nala ma soo fakan karin oo hooyodeed oo aan indhoha wax ka arkin bay ku hartay.

Ninkaas xoogga nagu haystay waa ogaa in aan ogayn in uu diley aabbohayo. Sidaas daraaddeed, in uu annana na khaarajin doono baan ogayn. In aan fakanno dhammaan waa isla qaadannay.

Si kastaba ha ahaatee, dhowr jeer bay hooyo uur u yeelatay waana iska soo ridday dabadeedna sidii uu u garaacayey bay ilmo u dhashay. Waa gabar. Hadda waa shan jir.

Waxaa aan u sheegnay in uu qaato beerta iyo guriga, balse uu hooyo noo fasaxo. Waa uu yeelay, balse waxa uu xujo ka dhigay in uu ilmaha kala harayo. Hooyo iyana waa diiddan tahay in ay ilmaheeda ka tagto.

Haddaba, si kasta oo aan wax u eegnay, waa noo muuqan la'dahay in aan ilmahaas walaal ka dhiganno. Aabbohayo ninkii diley baa noo muuqda. Si kasta oo aan ugu eegno walaashayo naga yar iyaduna aysan is-abuurin, haddana uur hooyo raalli ka ahayd ma ahan. Haddana, marba ay ifka u soo baxeen, hooyo, dhammaantayo isku si bay noo aragtaa.

Maalin kale iyana waxaa ballan ay qabsatay Qaranbila ugu timid haweeney isugu sheegtay limaanso, oo 35 jir ahayd. Sheekadan bay werisay. Waxa ay tiri:

35 jir baan ahay waxaana leeyahay labo carruur ah. Ma aqaan halka aan ku dhashay, balse bar ku taalla Iskudhafan ee magaalada Kaalisa baa la iga helay 1962. Reer baa la ii geeyey waxaana i korsaday hooyo iyo aabbo labo carruur ah haystay haddana dhalay afar iga dambeysay. Waxa aan noqonnay qoys ka kooban 7 carruur

ah iyo waalidkood. Weligay ma dareemin in aan ahay qof ka duwan ilmohooda.

Hase ahaatee, marar aan badnayn oo malaha aan falfalxumo sameeyey baan maqlay wacal yahay. Haba yaraatee, marna ma maqal walaalahay mid ka mid ah oo inta falfalxumo sameeyey sidaas lagu yiri. Haddana, waxun muuqaal ah oo aan carruurta kale uga soocnaa baa jira.

Si kastaba ha ahaatee, marna isma oran wacal baad tahay ee iska-kaftanka Soomaalida baan u qaatay. Kolkii aan dhowr iyo toban jir noqday, dadku waxa ay bilaabeen in ay igu yiraahdaan, "Iimaanso waxaa maxay?" "Nolosha iimaanso baan uga bixi jirey." Waxaa ardaydii aan la dhigan jirey iigu beddeleen Nolosha-iimaanso.

Gugii aan18 jirsaday baan ogaaday in meel cidla' ah la iga helay dawladduna biilka reerka ku bixin jirtey dartay. Dhulka iyo cirka baa iga yaraaday. Waxa aan baadigoob ugu dhaqaaqay sooyaalkayga.

Waalidkay wax xog ah kama hayn hooyo-dhiig ama hooyadii aan foosha ku dhibay, ee sidii loogu dhiibey bay ii koriyeen. Waxaa korintayda reerka kula socon jirey dawladda, balse xiriirkii joojisay kolkii aan noqday 18 jir.

Muddo dheer bay igu qaadatay in aan haleelo meesha xogtaydu tiil.

Ugu dambayntii, bilowgii 1990, waxa aan tegey xaruntu guud ee booliska, qaybta diiwaanka dhallaanka dawladdu toos u koriso. Bil kaddib, waxaa farta la iga saaray magacii hooyadii uurka igu qaadday oo tilmaamaheeda oo dhan la socdaan, reer ahaan, deegaan iyo halkii ay ku dambeysay.

Waxa aan helay iyada oo bugto la liidatay. Uma caroon ee waxa aan warsaday sooyaalkeeda. Waxa ay u dhigtay sidatan:

Waxa aan ku dhalay 16 jirkaygii. Markii lagu helay, boolisku durba waa ku guulaystay qabashadayda. Ma inkirin ee waa qirtay tilmaamihiina waa ku qanceen. 6 lix bilood oo xabsi ah baan ku galay cidladii aan kaaga tegey. Maadaama aanan waxba inkirin, xabsiga waa la ii khafiifiyey.

Waxa ay iigu dartay in ay dalbatay in dib loogu soo cesha gabadheeda, balse dhakhtar baa warbixin ku dhiibay in aanan xasilloonayn. Waxa ay ii sheegtay in ay Xaaladaydaa la socon jirtey reer wanaagsanna i soo korsadeen—haddana aysan weligeed xiriir la yeelan.

Waxa ay ii ballamisay in ay ii sheegto ninkii dhiig ahaan aan ka soo jeeday oo ina adeerkeed koowaad ahaa—oo ay si fudud isugu la seexdeen.

Hooyadii uurka igu qaadday markii aan ku laabtay Xabaasheedii baan qayb ka qaatay. Sheekada inteedii kale waa la xijaabatay.

Ilmo adeerta hooyo-dhiig, ugu yaraan waa 10. Inta hooyo markaas uurka u yeeli kartey waa afar. Haddana, mid waa madhalays—taas oo aabbo-dhiig ka dhigaysa saddex midkood.

Hooyo-dhiig iyo hooyo-koris dagaalka sokeeye baa huuhaada beelaysiga ku kala durkiyey. Anigu waxaa aan Boosaaso ula soo qaxay reerka odagayga.

Haddaba, sooyaalkaas keligey baa hadda og maadaama hooyo socotay iyada oo aan ii buuxin qaybihii kale ee sheekada.

Balse, sheekadayda meesha ugu daran taas ma aha. Ninka aan carruurta hadda u leeyahay waa abtigay hooyo-dhiig la dhashay. Aniga oo labo carruur ah u haya baan hubantida sheekada soo xaaray. Waa ka goostay una sheegay in aan dib dambe xaas ugu noqonayn. Furka buu tuuray welina uma sheegin ogaal la'aanba ha ku dhacee in uu abtigay yahay.

Qaboojin iyo sooyaal ahaanba, dhakhtaraddu waxa ay Nolosha-limaanso u sheegtay in Yelizaveta "Liza" Gerashchenko ay gabar ku dhashay Isbitaalka magaalada Kharkiv/kharkov ee dalka Ukraine. Filka Liza waxa uu ahaa 6 goortuna waa 8aad, 1934. Waxaa uurka u yeelay Yelizaveta awowgeed hooyo dhalay oo Toddobaatan jir ahaa.

Waxa ay raacisay tan. Soomaalida dhaqankeeda waxaa ka mid ah in ay isguursadaan ilmo adeerta koowaad, dhan aabbo iyo dhan hooyo intaba. Marar badan waxaa dhasha ilmo lixaadkooda wax ka dhimman yihiin, ama caafimaad ahaan wax si ka yihiin.

Dhaqan kale oo aan ila wanaagsanayn isna waa kan. Ma jiro aqoon-baaris iyo tirokoob laga sameeyo xaaladda ilmaha ku dhasha guurka noocaas ah. Oo qofkii hadda yiraahda 25% carruurta guurkaas ka dhalata waa muuqaal silloon yihiin—ama caafimaadkooda baa xumaada, dood baa laga hor geynayaa, ee la oran mayo dadaalka halkaas ha laga sii wado.

Dhaqanka Soomaalida, meesha dhaawaca ugu xun gaaray waa gayaannimadii Soomaaliyeed. Awal, xigaaladu waa kala gayaan doonan jirtey. Laga soo bilaabo 1980, oo beelaha dhexdooda colaado ku bateen, jilib iyo qoys baa guurku ku ururay. Dagaalka sokeeye isna waa uga sii daray. Meesha keli ah oo hadda uusan qoys iyo beel midna ku koobnayn waa qurbaha—oo colaad beeleed aysan ka jirin.

Dunida reer galbeedka oo aad baaritaan iyo tirokoob ugu sameeya guurka ilmo (incest) adeerta koowaad—oo hal tillaabo uga dhimman tahay in walaalo isguursadaan, waa gaf lagu mutaysto xabsi.

Qaranbila waxa ay abuurtay koox ka kooban dhowr nooc. Dad dhibaato geysatay kana waantoowday, haddana ku daray wanaag in ay sameeyaan, iyo kuwo loo geystay oo aarsi aan ku dhaqaaqin ee wanaag ay sameeyaan dhaqan ka dhigtay. Waxaa deegaannada Soomaalida qaarkood ka bilowday in laga hadlo dhacdooyinka ba'an iyo kuwa wanaagsan ee dagaalka sokeeye. Waxa ay bilaabeen in ay ku wareegaan dhammaan deegaannada Soomaalida kuwo martiqaad looga fidiyo. Waxa ay ka hadlaan dhibaatooyin soo maray— ha geysteen ama ha loo geysto e', iyo sida ay wanaag ugu beddelaan.

Kaftankan yar waxa uu dhex maray labo Hargeysaawi, mid qurbaha ka laabtay iyo mid gudaha ku sugnaa. Waa Dibedjoog iyo gudojoog. Dibejooggii baa aad uga yaabay kana walaacay burburkii magaalada ka muuqday. Haddana, waxa uu yare ka yaabay dhaqankii dadka oo xoogaa la gurracnaa.

Kolkaas buu gudojoog ku yiri, "Waar yey, war maxaa dadka ka khaldan?" Suu yeh, "Waar magaalada maxaa kaala khaldan?" "Waar dhismo iyo bilic baa ka maqan." Kolkaas buu inta istaagay oo ku jeestay dibedjoog yiri, "Waar ugu yaraan waxa magaalada ka maqan baa dadkana ka maqan."

Si kastaba ha loo kala arko sida aafada dareen ahaaneed ee dagaalka sokeeye bulshada looga la tacaali karee, kooxihii Qaranbila lugta ku lahayd in ay samaysmaan waxaa dadweynuhu u bixiyay magacyo kala duwan, sida **Kaaba, Dibusaxa, Garaadbila** iyo **Ha Quusan Waa Lagu La Qabaaye** oo loo gaabsho "Ha Quusan."

_15_

1996 waa idlaaday. Qaranbila waa hooyo waana xaas. Waa dhakhtarad guud. Waa bare caafimaad. Waxa ay caan ku tahay la-tacaalidda Isqulubka inta badan dhibaatooyinka dagaalka laga dhaxlo—oo ay aqoon u leedahay. Waa 37 jir wax badan ku kordhisay deegaanka. Dhibaatooyinka dagaalka sokeeye, qudheedu bulshada bay wax la qabtay. Guud ahaan, nolosha waa ku qanacsanayd.

Hase ahaatee, weli nabar baa ku taagnaa Qaranbila. Waa waxii uu ku dambeeyeen Kaabiye iyo reerkiisii. In kasta oo uu reer Saylac ahaa, waxa ay xusuusnayd in uu xigaalo badan ku lahaa Jabuuti. Xigaaladaas wax qumman kama aqoon—oo hor xiriir uma lahayn.

Waxa ay go'aansatay in ay Berbera tagto dabadeedna eegto sida ay Saylac ku tegi karto. Dad badan oo yaqaan waa ka weyday, Saylac iyana jidkeeda baa xumaa waana aadi kari weyday.

Hargeysa bay jadhaabalaf ka heshay. Waxaa loo baytiyey in uu carriga Ingiriiska ku dambeeyey. Waxaa loo sii raaciyey in la ogaa in isaga iyo reerkiisu ay doon ka raaceen Kismaayo 2aad ama 3aad ee 1991.

Haddii ay wax sii baartay, in doontii ku degtay biyaha Keenya baa u soo baxday. Qaranbila waxa ay hay'ado Samofal oo markaas Boosaaso joogey ka heshay warbixintan kooban ee doontii reer Kaabiye la socdeen goorta ay degtay, halka ay ku degtay, iyo ugu yaraan intii ku dhimatay.

More Than 150 Killed When Boat Carrying Somalis Sank

NAIROBI, Kenya (March 4, 1991 (AP)) _ A boat carrying hundreds of Somali refugees fleeing their war-racked nation has sunk after hitting a coral reef in the Indian Ocean off Kenya's coast, killing at least 153, police said today.

Police would not comment on newspaper reports that more than 40 people were still missing after the sinking, which happened late Friday.

The 60-foot dhow carrying perhaps as many as 700 Somalis sank about 6 miles off the coast near Malindi, a popular tourist town 380 miles southeast of Nairobi.

News reports quoted local police as saying 515 people survived the tragedy, although the duty officer at police headquarters in the capital could not confirm that figure.

The bodies of 132 victims were recovered Saturday and 21 were found in the wreckage of the boat and along the coast Sunday, the officer said on condition of anonymity.

According to survivors and rescuers, many of those who died were trapped in the boat's lower deck. Some appeared to have been trampled to death, while others were trapped under a plastic tarpaulin, according to newspaper reports.

"We found some mothers still holding their dead children with their arms wrapped around one another, " Antonio Carbone, a diving instructor at the Jambo Club hotel in Malindi, told the Daily Nation newspaper.

First word of Friday's tragedy came when two survivors staggered into the Jambo Club tourist hotel, according to news reports.

The boat left the Somali coastal town of Kismayo on Feb. 26. Rebels of the **United Somali Congress** are trying to dislodge troops loyal to Somalia's deposed President Mohamed Siad Barre in the countryside around Kismayo, located about 250 miles north of Malindi.

The United Somali Congress chased Siad Barre from Somalia's capital of Mogadishu and seized control of the nation on Jan. 26 following a month of heavy fighting in the city.

Dulucda qormada: *Doon dhererkeeda lagu hilaadiyey 6 fiit oo ay saarnaayeen Soomaali tiradooda lagu qiyaasay 700—oo ka soo cararay USC kana soo baxay magaalada Kismaayo, baa ku qaraqday xeebta*

Keenya—kolkii ay ku dhacday qar hoose oo biyaha dhexdooda ah. Dhimashada waxaa looga dayrinayaa 153—halka inta badbaadday 515 wararku ku sheegayaan. Inkaartani waxa ay ka dhacday xeebta magaalada Malindi ee badda Hindiya ee dalka Keenya.

Hase yeeshee, Qaranbila ma helin magacyada dadkii dhintay iyo qoysaskii doonta saarnaa midna. Laanqayrta Cas baa haddana wax u baytisay. Wiil afar jir ahaa oo la oran jirey Hormuud Kaabiye Sooyaal iyo hooyadiis oo la oran jirey *Ladaabo Kaahin Koodaar* in ay ku jireen dadkii shilkaas ku halaagmay baa magacyadii laga helay.

Qaranbila, labadaas magacba waa garatay, balse xujadu waxa ay ahayd halkii ay haddaba ku dambeeyeen Kaabiye Sooyaal iyo gabadhiisii Daajiya, oo markii ugu dambeysay 6 jir ahayd. Waxa ay ka baafisay Laanqayrta Cas—taas oo iyana ka sii baafisay barnaamijka BBC ee Afka Soomaaliga ku baxa.

Intii ay sooyaalkii Kaabiye raadkiisa ku joogtay baa haddana loo soo sheegay in qabqable Sheegte isna ku dhintay dagaal ka dhex qarxay labo jilib oo hal beel kor ka wada ahaa—oo uu jilib ka mid ah sheegan jirey.

Ma jirto meel Soomaalidu si baahsan uga doodday bilaha dabshidka Soomaalidu ka kooban yahay, haddana waxaa doodda laga bilaabi karaa kuwa soo socda. **Karan (1aad)** oo 31 beri in ay ku dhammaato dadka qaar ku sheegaan, **Habar-ari** (2aad) oo 30 beri ah, **Diraacgood** (3aad) 30, **Dayrweyn** (4aad) 31, **Ximir** (5aad) 30, **Xays** (6aad) 30, **Lixkor** (7aad) 30, **Toddob** (8aad) 31, **Amminla'** (9aad) 30, **Fushade** (10aad)31, **Gu'soore** (11aad) 31 iyo **Samuulad** (12aad) 30.

Sidaas daraaddeed, imminka, Soomaalida badankeed waxa ay bilaha u hikaadisaa Jannaayo oo ay adeegsadaan deegaannadii dhaqanka Talyaanigu galay iyo Janweri oo ay adeegsadaan deegaannada dhaqanka Ingiriisku galay, iyo reer Jabuuti oo iyana hikaadda afka Faransiiska adeegsada.

Ciddii aan hindisaheeda la imaan waa in ay cid kale ku dayatee, bulsho weyntu aalaaba waxa ay adeegsataa 1aad, 2aad ilaa 12aad.

Yeelkadeede, in kasta oo magaalada London ee carriga Ingiriiska ay qabow tahay bisha koowaad (Jannaayo/Janweri/ ama mid kale), 1997, Kaabiye waxa uu ku noolaa magaalada London. Waxa uu maalin u baqoolay dukaan iibsha buugaata qoran. Waxa uu ahaa buug markaas soo baxay oo la boobayey

isna uu xiiso u qabey.

Waxa ay dukaankaas ku kulneen nin ay aqoonni ahaayeen. Isnabdaadin kaddib, ninkii baa yiri, "Aad uma hubo waxaanse ka yaabayaa in aan BBC ka maqlay nin la baafinayo adigana aan u maleeyey." Kaabiye oo xigaaladiisa xiriir la lahaa baa xoogaa isweyddiiyey bal cidda baafin karta. Kolkaas buu yiri, "Walaal, magaca ka sokow, maxaa kale oo aad ugu maleysay in uu aniga yahay qofka la baafinayey?"

"Injineer Kaabiye waa hubaa, haddiise magaca awoowe yahay Sooyaal, marka waa adiga." Waxa uu intaas sii raaciyey in baafinta ay fulinaysay BBC ay ka timid Hay'adda Laanqayrta cas."

Dhowr beri kaddib, Kaabiye waxa uu tegey xarun Laanqayrta Cas leedahay oo xoogaa u jirtey ee magaalada London. Waxa uu soo hubsaday in ay baafinaysay Dhakhtarad Qaranbila Xeebdoon oo Boosaaso deggan.

1997, weli, isgaarsiinta casriga ahi si wanaagsan uma gaarin deegaannada Soomaaliya, balse waxaa bilowday shirkado isgaarsiineed oo dadku ay markaas qaraabadoodii dibedda jirta kula xiriiri jireen.

Hase yeeshee, Laanqayrta Cas ayaa farriimo u kala gudbisay Kaabiye iyo Qaranbila. Waxa ay isu weydaarisay labo buug oo ay kala qoreen Qaranbila Xeebdoon iyo Kaabiye Sooyaal. Qaranbila waxaa loo geeyey **Qaran Jabay iyo Qaylodhaan** oo Kaabiye qoray—halka Kaabiye loo geeyey **Quus iyo Qardojeex** oo Qaranbila qortay.

Sida aan la soconno, Qaranbila waxa ay dagaalka sokeeye ku weyday saaxiibteed Samaato oo inta la kufsaday haddana la diley, aabboheed oo ay ku xabaashay Tayeeglow 1991, iyo hooyo oo ay iyana ku xabaashay Boosaaso 1991—kolkii ay ka soo kaban weyday geeridii odaygeeda iyo cidgalkii dheeraa.

Aan tibix ka aragno *Qaran Jabay iyo Qaylodhaan.* Qaybta uu ku soo qaaday Qaranbila sidan buu u bilaabay. Waxa uu yiri:

dhammaadkii 2aad, 1991, aniga oo reerkaygu ii dhan yahay baan doon cankabuud ah ka raacnay Kismaayo. Beryo kaddib, doontii qar bay hardiday. Wiilkaygii, Hormuud hore buu ka finiinay oo biyaha ku dhacay. Hooyadi baa ka dabo boodday. Haweeney baan gabadhii ii qabo iri anna ka dabo booday. Dabaal fiican baa aqaan waxaana igu jirey han aan wax ku badbaadin karey. Gabadhii iyana inta haweeneydii ka fakatay bay biyaha ku boodday. Waxa ay noqotay saddex iyo hal. Hormuud iyo hooyadi dhowr jeer bay biyaha liqeen waana dhumeen. Gabadhii baan ku tuugsaday.

In kasta oo taloda san aadan qaadanayn marka wax xumaanayaan, waxaa igu soo dhacday dhakhtarad la oran jirey Qaranbila, oo aan aqoon dheer u lahaa muddo toban dabshid ah bilo weheshaan. Waxa aan ku bartay magaalada Boosaaso 2aad, 1980. Walow aan hayo jadhaabalaf ah in qudheeda ay dagaalka sokeeye dhibaato ka gaartay, waxaa igu maqaale ah in ay ku nooshahay Boosaaso—oo ta Alle ka sokow ay waajib isaga dhigtay yaraanteedii in ay maalin aqoon sare kula laabato.

Wanaaggeeda qof ahaaneed iyo Saaxiibtinnimo culus oo naga dhexeysay ka sokow, haddana, xusuus gaar ah bay iigu soo dhacday.

Laga soo bilaabo 2aad, 1980, Boosaaso, Qaranbila waa aan jeclaa. Marna noloshayda kuma darin in aan halmaamo. Maankayga baan oggolayn. Wanaag kasta oo aan awoodo baan diyaar ula ahaa iyana ka sii badan.

Markii aan guursanayey Ladaabo Kaahin, Qaranbila dhowr iyo labaatan jir bay ahayd. Madaxbannaan bay ahayd saaxiibna ma lahayn. Haddana, waa aan jeclaa—isla markaasna han guur marna iima qaban. Waa aan hilaadin karaa in dad yare biriir ka kicinayaan weeraha kore, balse in yar ii korta (ii dul qaata).

Kolkii aan Ladaabo haasaawaha la bilaabayey, Qaranbila si fiican baan u aqiin. Ladaabo, ugu horreyntii waxa aan u baray walaashay in yar kaddibna waxa aan uga warramay sidii ay walaashay ku noqotay. Weligeed ma rumaysan qaabkii aan Qaranbila u xiriirinayey in ay sidaas oo barax la' ahayd. Waxa ay amminsanayd waxun kale oo sir ah in ay naga dhexeeyeen. Maalmilihii biyuhu cuneen, iyada oo labo carruur ah lahayd ogeydna in aan jeclaa, ma qaadan sababtii aan gabadha u jeclaa in aan wax kale ku lammaansanayn. Marna kuma guulaysan in aan xaaskaygii tuhunkaas ka saaro.

Dhowr jeer baan jeclaystay in aan Qaranbila baro nin aad u wanaagsanaa, oo aan gabadhayda siin lahaa. Haddana, tashigaas igu gaarka ahaa ma fulin.

Qaranbila baan ogaa sidii ay u jeclayd waxbarasho, iyo in aysan ahayn gabar eegta xarrago, aqoon badan, hanti iyo nin la jaajiyo ama la faaniyo midna. Waxa ay ka eegi jirtey sida uu dadka u tixgeliyo una taakuleeyo Biri-ma-Geydada. Dhaqan markii aan kala sheekaystay ay awowgeed ka dhaxashay buu ahaa.

Si kastaba ha ahaatee, Qaranbila waxaa iigu dambeysay Diseembar 29, 1990. Maalinharsi

bay nagu la joogtay. Xamar oo aad u kacsanayd baan aniga, Ladaabo iyo Qaranbila ka sheekaysannay. Talo ay soo jeedisay, oo ahayd in aan xaaska iyo carruurta meel nabad ah u sii diro, Labaado waa dhibsatay. Qaranbila oo dareentay in khalad laga fahmay, dhowr go'aan bay dhibsashadaas daraaddeed durba isku dartay.

Kow, waxa ay ku adkaysatay in xaaska iyo carruurta aan diro—talodaas oo Ladaabo weli dhibsanaysay. Ladaabo toos bay indhoha uga saartay in aysan marna diyaar u ahayn in reer Kaabiye ay qalalaaso geliso—oo taas ay ula sii jeedday in aysan shukaansanayn Kaabiye kolka iyada iyo carruurta la diro.

Labo, carruurta, Hormuud iyo Daajiya midba gaar bay u dhunkatay markii ay guriga ka baxaysay. Haddana, hal mar bay hag wada siisay fiiro gaar ahna ku dambeysiisay. Ma hilaadin karo wax fiiradu ka walax ahayd. Laga yaabaa in Eebbe hummaag ku tusay in aysan Dib dambe u arki doonin Hormuud.

Saddex, si kasta oo Ladaabo maslaxaad ugu muujisay uguna talisay in la qaado, Qaranbila waa ka soo jeensatay in aan gurigoodii geeyo.

Walow ay weli ka yaxyaxsanayd in dhakhtaraddu diiddey in gurigoodii la geeyo, galabtii noogu dambaysay habeenkeedii, Ladaabo waa iga la murantay Qaranbila. Waxa ay gaartay in ay tiraahdo, "Qaranbila waxa ay la guursan weyday dartaa." Waxa aan sugayey in ay ii sheegto wax aanan dhakhtaradda kala socon. Bale, sabab kolkii aan iri, Waxa ay uga baxday "Haddaas may guursato!"

Haddaba, aan sheego jacaylkii naga dhexeeyey aniga iyo Qaranbila. Gabadhu ma lahayn walaalo lab iyo dheddig toona. Tan iyo maalinkii aan isbarannay, 2aad, 1980, in kasta oo aan 12 gu' ka weynahay, mar waxa aan u ahaa waalid door weyn ka qaatay waxbarashadeeda, marna walaalkeed ka weyn. Sidaas awgeed, jacaylka sidaas ahaa in aan nolol-wadaag hoose u rogo qofnimodayda bay wax yeeli lahayd.

Si kale aan u iraahdo. Gabadhii ka ooyeysay 2aad, 1980 jaamac la'aan in ay ku dhacdo, oo aan bilaabay in aan la walaaco, dabadeedna aan dadaalka la galay—oo aan iska dhigay

waalid waxbarashadeeda qayb ka qaatay—
haddana ay ka dhigatay walaal ka weyn,
haddii aan guur la aadi lahaa waxa aan meel
uga dhici lahaa dhaqanka suubban,
qofnimodayda, dadnimada guud, dhaqanka
Macallin iyo ardayaddiisa, ama dhakhtar iyo
bukaankiisa.

Waa ogahay in dhaqankan aan soo tilmaamay
uusan xididdo adag ku lahayn bulshada
Soomaalida dhexdeeda, balse waa in aad
hilaadisaa qof aad kuu qaddariya in aad ku
dirqiso arrin uusan jeclayn wax kastana ka
imaan karaan timaaddada. Macallin la
haasaawa ardaygiisa iyo dhakhtar la
haasaawa bukaankiisa, laboduba waxa ay
meel uga dhacayaan anshaxa iyo Hufnaanta.

Haddaba, **Curubo, aqalka dhaxdinta
(Hoteel Curubo)** ee galka buugga waxaa hoos uga
qoran: *Dhibaatada dhismaha hoose ka muuqata ka
badan baa bulshada gaartay.*

Dagaalkii Sokeeye ee Ameerika (American Civil
War) waxa uu joogsaday 1865, waa 153 dabshid ka hor.
Dabshid kasta waxaa la helaa xog dheeraad oo aan hor
loo qorin. Tagtada haddii la dhayalsado timaaddada baa
ku sireysa—ama ku dhayalsanaysa.

Dagaalka sokeeye ee Soomaalidu hadda waxa uu marayaa gugiisii 40aad, 1978-2018.

- Waxa uu kala irdheeyey xigaalo iyo saaxiibbo.
- Waxa uu qasay qaabkii waxbarasho siina kala fogeeyey geyaankii.
- Waxa uu dhaawacay hankii iyo himiladii haddana dhumiyey hanti badan.
- Waxa uu abuuray burcad weli arday sii qoronaysa, mid siyaasadeed iyo kaleba.
- Waxa uu salbaday 500,000, iyada oo dhimashadu weli socoto.
- Waxa uu dalaabiyey 1.5 malyan qof.
- Waxa uu ku tuntay xeerarkii fiicnaa, sida Biri-Ma- Geydada in aan la taaban, isaga oo bulaaliyey kuwii xumaa.
- Waxa uu la yimid jirrooyin awal maqal ahaa.
- Maantadan, 2018 waxaa jira dad badan oo dagaalka sokeeye loo aanaynayo oo aan
- xigaaladoodii arkin raqdoodii.
- Waxaa ka mid ah kuwa hadda badaha ku dhimanaya qarnigan 21aad—oo aan meydadkooda loo celin xigaaladoodii.
- Waxaa buuxa kuwo weli la il daran xanuunka Isqulubka (Civil war trauma) ee dagaalka sokeeye u aanaysan yahay—isla markaasna aan culays badan la iska saarin sida looga la tacaalo.

Haddana, qalalaasaha intaas geystay welina hadba boog danqanayso, diyaar looma aha in wax laga barto. Buugta laga qoray oo dhabta taabanaysa waa **faro-ku-tiris.**

Waxaa www.youtube.com ku jira aqoon-yahan-siyaasi Soomaaliyeed oo ku doodaya in aan bulshada ama beelaha Soomaaliyeed dagaalsanayn ee siyaasiyiintu dagaalsan yihiin, sidaas daraaddeedna dibu-heshiisiin guud ay waqti-dhumis tahay loona baahnayn.

Waxa la isweyddiinayaa dalka uu ka hadlayo. Maanta, magaalo kasta oo Soomaaliya ku taal beel baa isugu miirantay. Deegaannada dhifta ah ee la wada deggen yahayna, xaafado bay u kala deggen yihiin—amaba si cad bay u kala qoqoban yihiin, sida Gaalkacyo.

Haddaba, aragtida siyaasigaas ama siyaasiyiintaas waxa ay xoojinaysaa un in uruurinta iyo baahinta dhacdooyinka dagaalka sokeeye ay dad badan jecel yihiin in aan la taaban oo sidaas lagu halmaamo, si aan loo dabo gelin kuwii ugu darnaa, loona sii illaawo fadeexada iyo gaboodfalka aan hari doonin inta qalin iyo buug jiraan. *Mukulaal madoow* waa ma-hadho sooyaal.

"Qoriga iyo qalinka, qalinka baa dambeynaya."
__professor Saciid Sh. Samatar.

Dhacdo tusaale ku filan waa tan. Gobolka Mudug, beel baa goosatay in ay bar laamiga ka mid ah deegaan ka samaysato. Ceel bay ka qodatay deegaanna ka dhigtay. Beel kale baa iyana goosatay in ay iyana bar laamiga ku yeelato, isla gobolka Mudug—isla aagga ta hore—waana samaysay. Waxa ay 1.5-2 Km u jirtaa ta hore.

Garaadkii iyo miyirkii lagu midoobi lahaa waxaa heerka u hooseeya geeyey dagaalka sokeeye, oo aamminaad-darrada uu dhaliyey qaar ka mid ah aan erayo lagu tilmaamo la ahayn.

Ugu dambaynta, goortan oo aan qorayo weeraha u dambeeya ee *Kadeedkii Xamar iyo Kalaguur*, waa ogahay in aan dad badan dhugmo wanaagsan siinayn waxa qoraagu ka hadlayo. Haddana, waxa uu baaritaan, qoritaan iyo daabacaad isugu darayaa in aan berri la oran cidna diiwaanin iyo dareensiin ma samayn jirin

_____Dhammaad

Dhabarka Kadeedkii Xamar iyo Kalaguur

Waa surrucaad aan daawanayey waxna ka qaban karin tuke ayeyday indhoha kala baxayey, haddana, meelba meesha ay ka jilicsan tahay buu ka rifanayey—xataa xubinta taranka. –Bareedo, jileyaasha midkood

NAIROBI, Kenya (March 4, 1991 (AP)) _ A boat carrying hundreds of Somali refugees fleeing their war-racked nation has sunk after hitting a coral reef in the Indian Ocean off Kenya's coast, killing at least 153, police said today. _Associated Press

"Haddii aan kula sheekaysan lahaa adiga oo aan walaac kugu jirin, haasaawe waa igu dhalan kari lahaa. Balse, waxa uu iga duulay kolkii aan dhegeysanayey walwalkii kaa haystay in jaamacad la'aan kugu dhacdo, waxaana guursan doonaa kolka aan arko adiga oo jaamacad ku jira." _Injineer Saylici, jilaha 2aad.

Maantadan, 2018 waxaa jira dad badan oo dagaalka sokeeye loo aanaynayo oo aan xigaaladoodu arkin raqdoodii. _dhabta dagaalka sokeeye

Ammaanta akhristeyaasha

__*Kadeedkii Xamar iyo Kalaguur* waa bog kale ee dagaalka sokeeye, oo dhacdooyinka uu taabtay qoreyaal kale ugu dhiirran waayeen sida Cali Cabdigiir. Si farshaxansan baa qoraagu ugu tiiqtiiqsaday waxaadna bogga u dambeeya soo rogi doontaa adiga oo weli ilmada qubaya. __Cabdullaahi Axmed Cabdulle (Azhari), qoraa, duuliye hore ee Somali airlines, xildhibaan hore iyo wasiir hore intaba, dawladihii Cabdullaahi Yuusuf iyo Shiikh Shariif, imminkana ah lataliyaha maammulaha dugsiga *Seward Montessori School*, Minneapolis USA.

___Anigu marna isma oran qof aysan ku qabsan Xamar Janweri 1991, oo aan ka qaxin baa sidan u uruurin kara dhacdooyinka dagaalka sokeeye. *Kadeedkii Xamar iyo Kalaguur* akhriskiisa u fariiso. Haddana, sheekoxariir ahaan buu u qoran yahay mana kuu oggolaanayo in aad miiska ku celiso. ___ Dr. Abdi, Yusuf, Mathematics Professor at Rutgers University of New Jersey, USA for over 23 years, and an Author of *Analysis of Techers' Discourse Moves in an Open-Ended Problem-Solving Environment.*

Buugta Cali Cabdigiir

Mareegaha hoose, tii suure ku ah ku qor: Cali Cabdigiir

www.amazon.com (USA), www.amazon.ca (Canada), www.amazon.co.uk (UK)
www.amazon.de (Germany), www.amazon.fr (France), www.amazin.it (Italy),
www.amazon.co.au (Ustralia), www.amazon.in (India)

Mahadin

Eebbe ka sokow, waxaa mahad iga mudan reerkayga oo mar kasta dhugmo wanaagsan siiya xasilloonida qoraallada, akhriska iyo baaritaannadu u baahan yihiin—halka Bashiir Cali Cabdigiir uu marar gacan iga siiyo habaynta sawirrada.

Qoraa Cabdullaahi Axmed Cabdulle (Azhari) waxa uu mar kasta xil iska saaraa in uu si tifatir ah u eego qoraalladayda, sidaas awgeedna in igu filan ma mahad karo.

Axmed Ibraahim Cawaale oo saacadihii u dambeeyey iga qabtay ilduuf ku jirey galka buugga baan leeyahay aad baa u mahadsan tahay.

Kadeedkii Xamar iyo Kalaguur

Made in the USA
Monee, IL
27 October 2021